辽宁省通用航空产业发展的探索与实践

邵文武　荆　浩　黄　涛　著

东北大学出版社

·沈　阳·

ⓒ 邵文武　荆　浩　黄　涛　2022

图书在版编目（CIP）数据

辽宁省通用航空产业发展的探索与实践 / 邵文武，荆浩，黄涛著. -- 沈阳：东北大学出版社，2022.4
ISBN 978-7-5517-2963-5

Ⅰ. ①辽… Ⅱ. ①邵… ②荆… ③黄… Ⅲ. ①民用航空-产业发展-研究-辽宁 Ⅳ. ①F562.831

中国版本图书馆 CIP 数据核字（2022）第 055781 号

出 版 者：东北大学出版社
　　　　　地址：沈阳市和平区文化路三号巷 11 号
　　　　　邮编：110819
　　　　　电话：024-83680176（总编室）　83687331（营销部）
　　　　　传真：024-83687332（总编室）　83680180（营销部）
　　　　　网址：http://www.neupress.com
　　　　　E-mail：neuph@neupress.com
印 刷 者：沈阳市第二市政建设工程公司印刷厂
发 行 者：东北大学出版社
幅面尺寸：170 mm×240 mm
印　　张：10
字　　数：168 千字
出版时间：2022 年 4 月第 1 版
印刷时间：2022 年 4 月第 1 次印刷
策划编辑：向　阳
责任编辑：邱　静
责任校对：孙德海
封面设计：潘正一

ISBN 978-7-5517-2963-5　　　　　　　　　　　　定　价：56.00 元

引 言
PREFACE

中国民用航空飞速发展，运输航空的规模不断扩大，已成为全球第二大航空运输系统。作为民用航空的两翼之一，通用航空在发展方面取得了较大成就，统计近十年的数据，通用航空飞行器数量以平均每年19%的比例增加。参照国际通航发展规律来看，当人均GDP达到4000美元，通用航空业进入发展的黄金阶段，可见目前我国应处于通用航空产业蓬勃发展阶段，产业发展潜力巨大。

通用航空的服务范围广泛，涵盖工业、农业、林业、渔业、建筑业、医疗卫生、抢险救灾、气象探测、海洋监测、科学实验、教育训练、文化体育等方面的飞行活动。由于通用航空在2008年"5·12"汶川地震救灾中表现突出，2011年，国家"十二五"规划纲要将通用航空列为七大战略性新兴产业之一。通用航空产业链包含制造产业链条和运营产业链条，产业链长，对经济的拉动性强。研究结果表明，通用航空产业投入产出比为1∶10，就业带动比为1∶12，通用航空产业的大发展必将成为拉动我国经济强劲增长的重要引擎。

辽宁省作为航空大省，在航空制造业具有较强的产业基础，强大的装备制造产业基础为通用航空飞机的零配件、零部件配套提供了条件。辽宁省经过多年发展，形成了较完善的航空航天科技研发制造体系。在设计研发方面，拥有中航工业沈阳飞机设计研究所（601所）、中国航发沈阳发动机设计研究所（606所）、中航工业沈阳空气动力研究所（626所），以及沈阳航空航天大学等科研院所和高校；在飞机总装和核心部件制造方面，有以沈阳飞机工业（集团）有限责任公司、沈阳黎明航空发动机（集团）有限公司为核心企业，20多家配套企业组成的企业集群。从通用航空运营环节来看，在2010年发布的《关于深化我国低空空域管理改革的意见》中，辽宁省被确立为低空改革深化试点区域。2012年，沈阳法库财湖机场（以下简称财湖机场）获批成为国家低空空域改革试验区，机场现有的相关配套设施已在全国通用机场中处于领先地位。财湖机场能够承担空中管理、通信导航、地面保障、气象服务等业务。半径达10千米的低空试点报告空域及航空服务站，完善的服务系统足以满足通用航空飞行需求。目前，财湖机场已成功举办八届国际飞行大会，成为中国通用航空产业发展的示范区。2018年9月，沈阳市人民政府办公厅印发了《沈阳市加快推进沈阳国家通用航空产业综合示范区建设工作方案》，将沈阳市通用航空产业建成相对完善的体系，将沈阳国家通用航空产业综合示范区建设成为航空资源集聚平台、通航产业重要载体和区域经济发展新引擎。可见，辽宁省的通用航空产业已经积聚了雄厚的产业基础和强劲的发展动力。

综上，站在振兴辽宁老工业基地的视角，跟踪研究辽宁省通用航空产业动态演化，寻找活力大、易启动、带动能力强的领域，利用较小的资源启动整条产业链，探索辽宁省通用航空产业的制造、研发、运营、服务、专业市场如何依次相互带动，引动巨大市场需求，形成专业市场，带动制造业快速发展。探索辽宁省通用航空产业的发展路径，将辽宁省打造成通用航空产品集散基地、全国通用航空产业制造基地、通用航空运营基地，在产业链相互促动下，引动辽宁省通用航空产业快速发展，为辽宁省政府决策提供重大参考，扩大辽宁省通用航空产业在全国的影响力，将通用航空产业发展成为拉动辽宁省经济新的增长点。

著　者

2022年2月

目 录
CONTENTS

1 通用航空产业内涵与特点 …………………………………………1
　1.1　通用航空产业内涵 ……………………………………………1
　1.2　通用航空产业特点 ……………………………………………3

2 通用航空国内外发展现状分析 ……………………………………8
　2.1　国外通用航空发展现状 ………………………………………8
　2.2　国内通用航空产业发展现状 ………………………………14
　2.3　我国通用航空市场增长动力 ………………………………25

3 辽宁省通用航空产业发展总体状况 ……………………………32

4 辽宁省通用航空产业链分析 ……………………………………33
　4.1　辽宁省通用航空设计与研发 ………………………………34
　4.2　辽宁省通用航空企业研发与制造能力 ……………………42
　4.3　辽宁省通用航空运营与服务 ………………………………57
　4.4　辽宁省通用航空机场分布与建设 …………………………86

5 辽宁省通用航空产业发展优势与问题分析 ……………………95
　5.1　通用航空发展宏观环境 ……………………………………95

  5.2 辽宁省通用航空产业发展优势 …… 103
  5.3 辽宁省通用航空产业发展问题分析 …… 110

6 影响辽宁省通用航空产业发展路径的因素及产业发展路径设计 … 122
  6.1 通用航空产业现代化发展要求 …… 122
  6.2 影响辽宁省通用航空产业发展路径选择的因素 …… 124
  6.3 辽宁省通用航空产业发展路径设计 …… 127

7 辽宁省通用航空产业网络演化模式分析 …… 130
  7.1 产业网络演化与模式 …… 130
  7.2 辽宁省产业基础与通用航空产业链条耦合性分析 …… 136
  7.3 辽宁省通用航空产业网络演化模式实证分析 …… 138

8 促进辽宁省通用航空产业良性发展的政策建议 …… 141
  8.1 打造辽宁省通用航空产业共性技术研发平台 …… 141
  8.2 完善通用航空产业链，加大产业规模 …… 141
  8.3 培养通用航空文化，启动潜在市场需求 …… 142
  8.4 完善机场与保障资源 …… 143
  8.5 加强政策支持 …… 144
  8.6 实施人才工程 …… 146

参考文献 …… 148

1 通用航空产业内涵与特点

1.1 通用航空产业内涵

国际民用航空组织（ICAO）公约附件6中对通用航空的定义为：通用航空是指商业空中运输或如农业、建筑、摄影、调查、观测和巡逻、搜索与救援、空中广告等空中作业飞行之外的飞行活动。美国联邦航空局（FAA）认为，除持有美国联邦航空局颁发的"方便和必须"合格证的航空公司及使用大型民用飞机的民航公司所经营的空运以外的一切民用航空活动都属于通用航空范畴。俄罗斯联邦《航空法典》第三章21款第三条规定：通用航空是指非商业航空运输和航空活动的民用航空活动。2003年1月10日，中华人民共和国国务院、中央军事委员会令第371号公布并于2003年5月1日起施行《通用航空飞行管制条例》，该条例第三条对通用航空的定义是："所称通用航空，是指除军事、警务、海关缉私飞行和公共航空运输飞行以外的航空活动，包括从事工业、农业、林业、渔业、矿业、建筑业的作业飞行和医疗卫生、抢险救灾、气象探测、海洋探测、科学实验、遥感测绘、教育训练、文化体育、旅游观光等方面的飞行活动。"

通用航空产业，即从事通用航空飞行活动的各种经济部门和经济活动的总和。广义上讲是指通用航空器制造、运营以及支撑运营的综合保障和服务业的总和，包括核心产业、关联产业；狭义的通用航空产业仅仅指通用航空核心产业。通用航空产业是包括通用航空器研发与制造、通用航空机场建设与运营、通用航空人才培养与培训、通用航空服务与综合保障等庞大的产业体系。如图1.1所示。

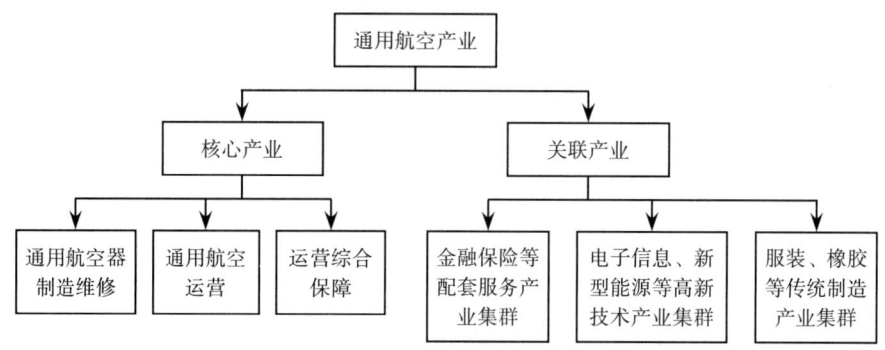

图1.1 通用航空产业分类图

通用航空飞行包括公务包机、短途飞行、航空作业、飞行训练和娱乐运动五大类，具体从事交通运输、工业、农业、林业、渔业和建筑业的作业飞行，以及医疗卫生、抢险救灾、气象探测、海洋监测、科学实验、教育训练、文化体育等方面的飞行活动。

公务包机是指用于执行公务飞行、包机飞行任务的固定翼飞机，按照市场定位可以分为三类：高端公务机、中低端公务机和空中出租车。其中，高端公务机是多发涡喷公务机，这类机型性能优越、可进行远程跨洋飞行，机体宽大舒适、内装豪华，价格通常在1.5亿元以上，常作为大型企业首脑、资源演员及其他高端包机使用；中低端公务机多采用涡喷发动机或涡轮螺旋桨发动机，可进行中短程飞行，价格从数千万元到上亿元，在国外多用于企业管理人员公务出行，国内低端公务机尚不多见；空中出租车主要是小型单发活塞螺旋桨飞机或直升机，用于短途飞行，价格较低，目前国内尚未开展这类业务。

短途飞行类主要是指用于执行通勤飞行任务的航空器，具体是指座位设置（不包括驾驶员）为19座或以下，最大审定起飞重量为8618千克或以下，用于非特技飞行的螺旋桨驱动的多发动机飞机。通勤飞机大多采用双发涡桨发动机、可收放式起落架、下单翼布局，这类机型巡航速度不高、飞行距离一般在500千米以内。通勤飞行多用于地形条件恶劣、不便于发展陆路交通的地区，开展点对点的穿梭往返。

航空作业类主要是指用于执行航空作业任务的航空器，具体是指座位设置（不包括驾驶员）为9座或以下，最大审定起飞重量为5700千克或以下，用于非特技飞行的飞机。一般采用单发活塞发动机、固定式起落架、上单翼布局。作业类航空器又可分为三类：初级类航空器是满足无动力驱动或者由一台自然吸气式发动机驱动、在标准海平面昼间条件下失速速度不大于113千米/小时；如果为旋翼航空器，主旋翼盘载荷限制值为29.3千克/米^2，最大重量不大于1225千克，或者对于水上飞机，不大于1530.9千克，包括驾驶员在内最大座位数不超过4人，客舱不增压的航空器。限制类航空器指仅供专门作业用的某种类别的航空器，包括农业（喷洒药剂和播种等）、森林和野生动植物保护、航测（摄影、测绘、石油及矿藏勘探等）、巡查（管道、电力线和水渠的巡查等）、天气控制（人工降雨等）、空中广告以及局方规定的任何其他用途。

飞行训练类主要是用于飞行训练的飞机和直升机。按照私照、商照和高性能训练目的的不同，涉及单发活塞、双发活塞、双发涡桨等不同机型。这类机型更强调经济性和可靠性。

此外，还有用于娱乐运动的超轻型航空器，由单人驾驶、仅用于娱乐或体育活动、不需要任何适航证的空中飞行器具，有无动力均可。

1.2 通用航空产业特点

通用航空与运输航空共同构成了民用航空运输体系的"两翼"，是国家综合运输体系的重要组成部分。通用航空产业是以通用航空飞行活动为核心，涵盖通用航空器研发制造、市场运营、综合保障以及延伸服务等全产业链的新兴产业体系，具有产业链条长、服务领域广、带动作用强等特点。通用航空业既是高端制造业，也是高端消费业，是我国新的经济增长点。

1.2.1 通用航空产业链构成及特点

从产业链分工角度看，通用航空整条产业链分为研发设计、制造、销售与服务、运营与使用、运营保障与服务五大环节，制造环节又可分为原材料供应、零配件与零部件生产、总机装配三个小环节。产业链涉及研究开发、高端制造、冶金化工、先进材料、电子信息、仪器仪表、新能源、建筑材料、基础建设、人员培训、物流、贸易、维修维护、金融服务、旅游、农林、防火防灾、医疗救护、资源勘探等各个领域。从通用航空产业链构成来看，可以将价值链分为通用飞机研发与制造和通用航空运营两个阶段。在通用飞机研发与制造环节中，飞机型号研发、核心部件研发与制造和飞机总装是核心，上游是零配件制造，下游是销售，前端是设计，后端是试飞。通用航空运营配套产业链包括直接运营、人员培训、机场服务、MRO（维修、修理和大修）、飞机加油、气象信息通报、航线申报服务等，保证飞行安全和保持飞机性能。产业链具有以下四个特征：

（1）通用航空产业具有一定的复杂性。产业链各节点的技术关联性强且具有层次性，同时产业链间相互交织，经常呈现出多层次的网络结构。通用航空产业链的复杂性表现在：① 构成通用航空产业链上的每个节点企业组成的层次问题，通航产业链往往由多个、多类型的企业组成，各企业间的服务与被服务的关系比较复杂；② 产业链上各节点企业间的信息共享性差，各节点上下游企业很难及时了解所需信息，以至于企业难以做出正确的决定，这在一定程度上导致了通航产业链的复杂性；③ 产业链不但要实现实体的转移，还要实现保管责任主体的转移及信息的跟踪等；④ 通航产业链所涉及的基本都是高技术、高价值产品，以至于产品在生产、加工、储存及运输过程中可能会出现各种问题，也会给产业链上各节点企业带来风险。

（2）通用航空产业链条长、服务领域广、带动作用强。通用航空产业是以通航飞行活动为核心，涵盖通用航空器研发制造、市场运营、综合保障以及延伸服务等全产业链的新兴产业体系。在这个产业体系中，产业链条长，既是高端制造业，也是高端消费业，是我国新的经济增长点；服务领域广，涵盖了工业、农业、林业、渔业、建筑业、医疗卫生、抢险救灾、气象探测、海洋监测、科学实验、教育训练、文化体育等方面的飞行活动（如图1.2）；带动作用强，发展通用航空业对于发挥短途运输的交通功能、服务社会公益事业、发展新兴业态、释放消费潜力、培植新的经济增长点均具有重要意义。国际经验表明，通用航空产业就业带动比为1∶12。因此，我国通用航空产业链在低空开放政策的促进下，一定能够带来意想不到的拉动效应，使相关产业也能产生较大突破。发展通用航空，对于扩大内需、调整经济结构、促进科技进步和构建综合交通运输体系均具有重要意义。

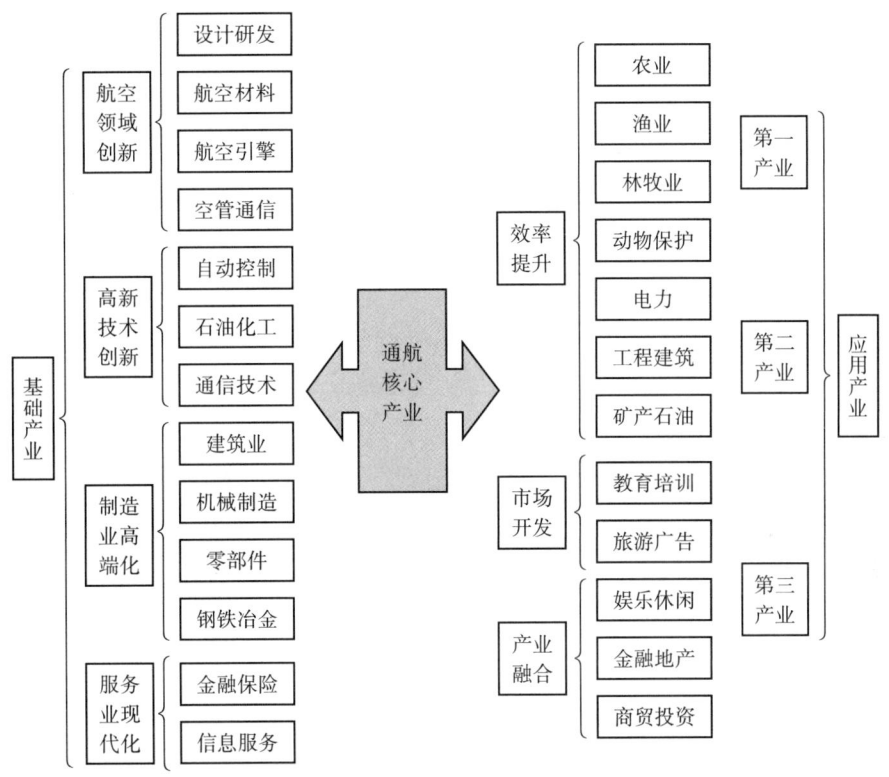

图1.2 通用航空产业链

（来源：平安银行交通金融事业部，中国城市临空经济研究所编著：《经济新常态下的中国通用航空产业发展研究》，北京：中国民航出版社，2015。）

（3）产业链交叉关联性与分工明确性并存。对于通用航空产业链而言，链中每个节点相互间关系是相对的。节点企业可以是这个产业链的成员，同时也是另一个产业链的成员，众多产业链形成交叉结构，增加了协调管理的难度，这也是通航产业链具有交叉性的原因。构成产业链的企业间需要合适的分工、协作。在产业链中，若干企业是一个有机整体，企业作为链条的节点，以企业间的价值流、信息流、物流为联系，构成链条。完整的产业链肯定是以产业间的分工、协作为前提。如果没有分工，就无法区分价值增值环节，当然也就没有产业链的存在。

（4）产业链具有循环增强性特点。产业链中每个节点相互依存、相互制约，上游产业和下游产业之间存在着大量的物质、信息等方面的交换，后面的价值增值环节进一步面向新的客户，生产出新的价值产品，实现价值增值的过程。由于价值增值实现的过程是个不断循环的过程，所以产业链也具有循环性的特征。

1.2.2　通用航空运营服务业特点

通用航空具有机动灵活、快捷高效、环境适应能力强等特点，是民用航空的重要组成部分，因而通用航空具备民航的特点，即安全性、高速性、经济性、舒适性、环保性等。通用航空运营服务的具体特点表现在以下几个方面：

（1）通用航空的灵活性与环境适应性，使得其具有不可替代性。航空器分散于个人、企事业单位所有；作业飞行遍及高原、平原和海洋；飞行高度涉及超低空、低空和高空；飞行时间从春到冬，有些项目（如航空热红外扫描和微波辐射）需在夜间飞行。而且还有些项目不可预见，如抢险救灾、森林灭火、防治农业病虫害等，这些都是其他作业手段不能替代的，所以说通用航空具有明显的不可替代性。

（2）通用航空产业有着强大的通用性。通用航空的最大优势就是其通用性，通用航空的服务范围涵盖工业、农业、林业、渔业、建筑业、医疗卫生、抢险救灾、气象探测、海洋监测、科学实验、教育训练、文化体育等方面的飞行活动。其能够在不同领域发挥巨大作用，在提高效率和降低成本方面收到难以估量的效果。

（3）通用航空产业存在地区差异性。由于地域辽阔，不同地区传统习俗不同，经济基础不同，资源储备不同，发展速度也不同，造成通用航空在使用上存在明显的地区差异，因而各地通用航空的地区差异性十分明显。如东北、西北地区的农林业航空作业项目比较多,西南地区林业航空比较多,华东、华南地区的海上石油开发等业务量比较大。

(4) 通用航空市场具有不稳定性。通用航空不稳定性的根本原因还在于通用航空作业范围广泛,涉及国民经济的各个部门,通用航空的发展既受到经济发展的制约,也受到国家政策、措施的影响。通用航空不同于公共运输,它不仅是运输工具,也作为生产设备直接参与了各项生产活动。对通用航空的需求,取决于工农业的生产和社会发展的需求程度。因此,通用航空市场具有不稳定的特点。

(5) 通用航空产业是资金技术密集行业。这不仅表现在昂贵的飞机制造费用上,还体现在:首先,一个合格飞行员的培训费用是惊人的;其次,飞机零部件的垄断性导致易损航材的费用居高不下;最后,配套基础设施建设繁多,包括机场跑道、停机坪、辅助导航设备等。通用航空虽不如运输航空所需要的资金投入量大,但与普通行业相比投资量较高。从技术上看,通用航空不但包括航空技术,还需要有相关行业的服务技术。

2 通用航空国内外发展现状分析

2.1 国外通用航空发展现状

2.1.1 国外通用航空研发与制造现状

美国是航空工业世界领先国家，也确定了其在通用航空研发与制造领域的领先地位。赛斯纳飞机公司是世界上设计与制造轻型商务飞机、中型商务飞机、涡轮螺旋桨飞机，以及单发活塞式发动机飞机的主要厂商。赛斯纳公司已生产 18.8 万多架飞机，这一数字远超过世界上任一其他国家生产的通用航空飞机总量。赛斯纳飞机旗下主要有三个品牌：赛斯纳单发飞机、大篷车系列飞机和奖状系列飞机。赛斯纳 C400 飞机已成为世界上公认的飞行速度最快的单发四座飞机，其最大时速可以达到 435 千米。而赛斯纳 C172 更是成为赛斯纳飞机公司经典机型，赛斯纳 C172 全球销售量超过 4.3 万架。美国湾流宇航公司是目前世界上生产豪华、大型公务机的著名厂商，其主要产品为"湾流"系列飞机。2001 年 6 月，通用动力公司控股银河宇航公司后，将该公司的银河、阿斯特拉公务机加入"湾流"系列并重新命名为"湾流"100/200，加大"湾流"公务机的规模。到目前为止，美国湾流宇航公司已生产了 1300 多架飞机，广泛应用于民用、商业、政府机构、私人、军用各个领域。其中，美国《财富》杂志 500 家最大企业中有超过 1/4 的公司使用"湾流"公务机。美国豪客比奇飞机公司主要业务包括公务机、涡桨飞机、活塞发动机飞机的制造、飞机服务与保障以及飞机管理和租赁。自 1932 年以来，其共生产 5.4 万架飞机，其中3.6万架仍在役。豪客比奇飞机公司的产品系列包括单发活塞发动机飞机、双发活塞发动机飞机、涡轮螺旋桨飞机、轻型喷气飞机、中型喷气飞机等11个机种。在喷气飞机系列中有中型机"豪客"(Hawker)系列和"首相"I（Premier I）。其中，"首相"I以独具创意的后掠翼技术与宽敞的机舱，成为"雷神"飞机系列的明星。在"雷神"涡轮螺旋桨飞机系列中，有世界上最为成功的"空中国王"(King Air)系列和比奇1900支线飞机。活塞发动机飞机有两种著名的机型："富豪"（Bonanza）和"男爵"（Baron）。除民用飞机外，豪客比奇飞机公司还为美国政府和国防部提供许多种类的飞机。"坚鸟鹰"（T-1A Jayhawk）喷气教练机与C-12涡轮螺旋桨飞机被美国军方广泛使用。贝尔直升机德事隆是一家美国直升机和倾转翼飞机制造商，合作伙伴遍及世界各地，已成为全球航空工程、飞机制造与维护专业厂家，著名民用产品包括Bell 2xx系列和Bell 4xx系列，著名军用产品包括UH-1系列、AH-1系列、A139（同奥古斯塔合作）、ARH和V-22"鱼鹰"（同波音合作）。

  法国的通用航空制造业非常发达。目前，法国通用飞机、直升机制造企业有30多家。达索飞机制造公司是法国最负盛名也是世界排名靠前的喷气公务机厂商，达索飞机制造公司是法国第二大飞机制造公司，世界主要军用飞机制造商之一，具有独立研制军用和民用飞机能力，从20世纪60年代初果敢进军高档公务飞机制造领域至今，巧夺天工设计制造的"隼式"（Falcon）喷气公务机，以其1700余架产销量雄踞全球公务飞机市场"龙头老大"之位。索科达也是比较重要的通用飞机制造商，主要产品为TBM 700/850/900系列6/7座单发涡桨高端私人飞机/公务机。兰斯飞机公司（Reims Aviation Industries，现为GECI的子公司）曾经大量生产赛斯纳单发飞机，目前的产品为F406十座双发涡桨多用途飞机。在航空动力方面，法国的斯耐克玛公司已经把产品扩展到喷气公务机领域，正在发展Slivercrest大推力涡扇发动机。SMA发动机公司生产世界领先的航空柴油发动机。另外还有多家小功率活塞发动机和螺旋桨企业，如JPX、Vija、e-Props等。泰雷兹和赛峰都是世界级航电和机载设备供应商，它们有很多产品应用于通用飞机。Zodiac是世界重要的飞机系统设备、座舱内饰和救生设备供应商，其产品广泛用于喷气公务机和通用飞机。梅西埃-道蒂公司是世界级起落架制造商，能为多款喷气公务机提供起落架。圣-戈班苏利公司是重要的舷窗、风挡玻璃供应商。拉蒂考公司则大量承担喷气公务机的部件和电缆制造工作，是十分专业的民机部件转包商。

德国是世界老牌航空强国，"二战"之后，通用航空制造业得到了较好发展，代表性机型是道尼尔Do.28、Do.128、Do.228系列高性能飞机。此外，德国在滑翔机、动力滑翔机、小型通用飞机领域也堪称世界领先。目前，德国拥有格罗伯飞机公司等约30家通用飞机制造企业，有很多款极具竞争力和特色的优秀飞机产品。此外，在新能源领域，斯图加特大学成功研制了E-Genius双座锂电池电动飞机，并正在研制HydroGenius燃料电池电动飞机。PACAero公司也正致力于开发系列新型电动飞机。德国的TAE公司是世界上率先实现批量生产柴油航空发动机的公司，利勃海尔集团则是世界上重要的机电系统制造商。

意大利的航空工业以设计、制造中型和轻型飞机、直升机为主，整体实力也比较强。第二次世界大战后，意大利通过仿制战斗机和航空发动机重建航空工业，20世纪60年代又逐步发展航天工业，70年代后期以来航空航天工业的发展比较迅速，从业人员超过4万人。目前意大利拥有阿古斯塔·维斯特兰、比亚乔宇航、泰克南、Vulcanair、SGAviation等约30家通用飞机、直升机企业。比较知名的飞机产品有比亚乔P.180、泰克南P 2006等。在直升机领域，意大利的直升机制造量位居欧洲第三，其中阿古斯塔·维斯特兰公司近年来在民用直升机新产品开发、技术创新领域方面的成绩卓著，AW 139/189等极具竞争力的新产品成功赢得市场，后续一些新机型即将投放市场。阿古斯塔公司已成功跻身世界直升机工业前两强，并且发展势头强劲。在军用飞机方面，意大利与英国、德国合作生产"狂风"战斗机，与巴西合作生产AMX轻型支援和攻击机，与美国、德国合作研制高机动战斗机（ACA）。在民用机方面，意大利参与美国波音767飞机机翼、尾翼部件与雷达罩的设计和制造，与法国合作研制ATR-42支线飞机。

英国作为世界航空工业强国，具有较高的研发及制造水平，是世界上使用航天数据和技术最多的国家之一。英国的通用航空制造业有过辉煌的历史，但现在的行业状况不如以前，现有的通用航空制造企业约10家。其中，罗罗公司是世界上最重要的民用和军用发动机制造商之一，出产用于喷气公务机和通用飞机/直升机的涡扇、涡桨和涡轴发动机；空客英国公司主要负责机翼、燃料系统和着陆引擎的研发；道蒂公司是世界最重要的大功率螺旋桨供应商之一；穆格公司是飞控系统及部件制造商；史密斯航空航天公司（Smiths Aerospace）是世界上重要的航电和飞机系统设备厂商；伊派科集团是重要的飞机内饰和座椅供应商。此外还有多家小功率活塞发动机公司。

加拿大幅员辽阔、人口稀少，很多偏远社区只能通过飞机才能到达。全国有500多座机场和数百座直升机机场，独特的地理环境和广阔的天空有助于推动加拿大通用航空产业的发展。加拿大是通用航空领域的全球领导者，在涡轮螺旋桨飞机和直升机的民用发动机制造方面位列全球第一，在公务机生产方面位列全球第二。其中最为著名的加拿大庞巴迪宇航集团，经过近20年发展已成为世界第一大支线飞机制造商、世界第三大民用飞机生产商，是在三个不同国家具有完备研发、设计、制造、销售飞机能力的生产商，市场营销和生产管理都具有相当的灵活性。庞巴迪公务机公司主要提供"利尔喷气"系列公务机、"挑战者"系列公务机，以及远程"环球快车"公务机，同时还提供由加空支线喷气机改型的"加空公务喷气机"和"加空专栏编辑"公务机。

奥地利通用航空制造业的代表企业是钻石飞机公司和小功率活塞发动机制造商Rotax。钻石飞机公司从1980年开始制造全复合材料动力滑翔机，发展出系列通用飞机产品，在市场销售方面取得较大成功。钻石飞机的主要技术特点是全复合材料（以玻璃钢为主），高效柴油发动机动力，飞机平台可选配柴油发动机和常规汽油发动机。钻石飞机具有操作简易、飞行安全和经济适用等诸多优点，自主研制开发的碳纤维合成材料，使机身更加坚固、轻盈，几乎不需要什么维护，有很强的耐腐蚀性。Rotax发动机公司是世界第一大小功率活塞发动机制造商，产品在世界市场上占有很高的份额。

捷克的通用飞机技术很先进，尤其是超轻型、轻型运动飞机性能优异，大量出口到世界各地。捷克目前拥有爱维特飞机公司、捷克运动飞机公司、捷克飞机工厂等约40家通用飞机制造企业。爱维特飞机公司是发展比较好的公司，飞机产品从EV-97单发活塞双座超轻型飞机开始，实现系列化改型发展。该公司与布尔诺大学联合研制了VUT100系列单发活塞四座飞机，目前正在研制EV-55十座双发涡桨多用途飞机。

  瑞士的通用飞机、直升机企业数量不多，有五六家，其中最著名的是皮拉图斯飞机公司，该公司在通用飞机发展领域颇有建树，其生产的PC-12十座单发涡桨高性能多用途飞机和PC-6十座级单发涡桨通用飞机是非常优秀的产品，大量销往世界各地。目前，皮拉图斯飞机公司正在研制全新的PC-24喷气公务机。在新能源通用飞机技术创新方面，瑞士的洛桑联邦理工学院成绩卓著，其研发的"阳光动力"长航时有人太阳能电动飞机实现了该领域的很多重大突破。

  目前，俄罗斯有通用飞机、直升机制造企业约30家，飞机项目近100个。比较知名的有雅克-18T四座单发活塞飞机和雅克54/55单发活塞特技飞机，苏霍伊苏-26/29/31单发活塞特技飞机，别里耶夫别-103双发水上飞机等。在直升机领域，卡莫夫设计局和米里设计局，以及喀山直升机工厂研制生产实力雄厚，拥有众多性能优异的直升机产品，如米-17、米-26、米-34、卡-226、卡-32、卡-62和"安莎特"等。

2.1.2　国外通用航空运营与服务现状

  美国是通用航空最发达的国家。巨大的市场需求、成熟的空中交通管理服务、星罗棋布的通用航空机场、大量的通用航空飞机及飞行员，促使美国通用航空获得了很好的发展。多年来，美国的通用航空发展一直稳居世界第一的位置。美国偏远地区和小型社区通用航空客货运输是交通的唯一选择，雇员超过120万人，对GDP贡献超过1500亿美元。截至2019年底，美国共拥有通用航空飞行器213375架，其中活塞机机型最多，为142295架，约占美国全部通用航空飞行器的66.7%；第二为试验机，达27755架，约占美国全部通用航空飞行器的13.0%；第三为涡轮喷气机，达14970架，约占7.0%；第四为旋翼机，达9925架，约占4.7%；滑翔机、轻型机、轻型运动机数量较少，约占8.6%。美国拥有19750个机场，其中私人民用机场数量达到14120个，包括直升机场5425个，水上机场290个，普通机场8405个等，飞行员人数约为63万人。目前美国有3750家左右的固定基地运营商（FBO）。FBO提供的服务包括停场服务、加油服务、维修服务，有的FBO还提供飞行服务，帮助客户制订飞行计划，提供气象信息等。除此之外，FBO还提供与通用飞机相关的辅助服务，包括行李装卸、航空器除冰、航空餐饮服务、盥洗室服务、休息室服务、航空器清洁服务、客舱物品供应服务等。上述服务统称为专业服务，是围绕着通用飞机运行提供的服务。FBO还围绕着客户开展一些服务，为飞行爱好者和航空旅游提供地面服务、代理服务、托管服务、飞行培训服务等。①

加拿大是世界通用航空发达国家之一。截至2019年，加拿大有用航空器36880架，休闲飞行员占据飞行员总人数的2/3，航空器占注册飞机总数的3/4。加拿大通用航空于1975年前后开始进入成熟期，其成长期发展模式为典型的国家政府扶持和引导培育，具有以下特征：① 加拿大运输部管理所有机场建设与运营，机场为联邦政府所有，出租给私人、机场机构和运营管理机场的政府机构。② 大力培养飞行员。"二战"后到20世纪50年代，加拿大政府专门拨付资金支持飞行培训，为每个获得私人驾照的飞行员支付学习费用的1/3，为通用航空发展提供了充裕的人才支持。

巴西与我国同属金砖国家，人均GDP比较接近。截至2019年，巴西共有19590架航空飞行器。其中，10342架私人飞机、635架轻型机、2305架轻型运动机，以及1358架空中计程飞机，在巴西通用航空中，商务飞行占据70%以上比例。

英国民用航空局统计数据显示：2013年，英国拥有19850架通用航空飞机。其中，固定翼通用飞机10306架，超轻飞机3832架，直升机1247架。英国是全球第五大经济体，拥有欧洲最大的航空网络，也是全

---

① 由于美国人少地多、综合交通方式以公路和民航为主、人均收入较高，与我国人多地少、综合交通方式以公路和铁路为主导、人均收入较低等有一定差异，数据对比分析中美通用航空发展不具备普遍意义，但从发展历程看，政府、市场在通用航空产业发展中的作用具有一定的借鉴意义。

球第三大航空网络，仅次于美国和中国，伦敦是欧洲私人航班最多的城市。2019年，英国有206家航空公司，2400个航空组织，运输机场约60座，有600座以上的存量机场设施，其中多是"一战""二战"留存机场。英国通航每年对英国经济贡献值30亿英镑，占英国GDP的0.21%。在就业贡献上，英国通用航空行业直接支持3.8万个工作岗位，相当于英国所有就业的0.12%，其中9700个与飞行直接相关，其余与制造业相关。

德国民用航空局统计数据显示：近十余年以来，德国通用航空飞机数量保持在2万架以上。2018年德国拥有21064架通用航空飞机，其中固定翼通用飞机8330架，直升机728架，热气球飞机1080架，滑翔机7304架。

澳大利亚通航产业在20世纪50年代到90年代经历了一个高速发展的时期，通用航空以及竞技航空工作占了澳大利亚所有航空飞行时间的66%。澳大利亚总共有1万余架航空器注册为通用航空飞行器，拥有700多家通航运营商，营业额10亿美元以上。

新西兰是世界上飞行器拥有率最高的国家之一，新西兰人口400多万，却拥有760多架直升机。新西兰通航包括农业、林业、观光旅游、运动及休闲、航空培训等项目，在1916年创立了世界上第一个飞行员培训学校。

2.2 国内通用航空产业发展现状

2.2.1 通航企业与机队规模

截至2020年底，我国获得通用航空经营许可证的通用航空企业有523家，主要集中在华北、华东及中南地区。其中，华北地区111家，东北地区45家，华东地区131家，中南地区120家，西南地区64家，西北地区33家，新疆地区19家。企业分布情况如图2.1所示。北京市、广东省、山东省、江苏省通航企业数量位于全国前列，分别达到了47、46、36、35家。表2.1为近些年我国通用航空产业企业分布情况。

2 通用航空国内外发展现状分析

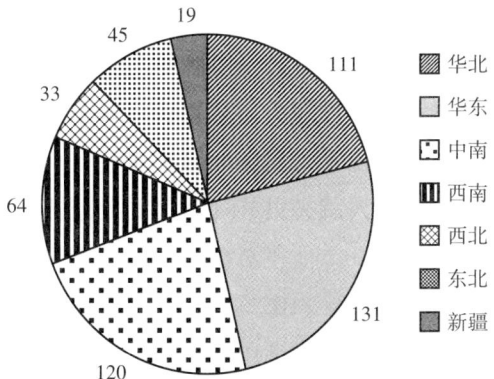

图2.1　2020年实际运行通用航空公司地区分布

表2.1　近年来通用航空企业分布情况

年份	华北	华东	中南	西南	西北	东北	新疆	总计
2010	33	19	22	12	6	15	4	111
2011	33	23	22	15	13	11	6	123
2012	41	27	29	16	11	16	6	146
2013	48	36	39	24	16	20	6	189
2014	65	44	48	32	19	24	7	239
2015	72	56	54	38	25	30	6	281
2016	79	66	65	43	29	31	7	320
2017	89	80	76	45	32	32	11	365
2018	96	100	96	50	28	37	15	422
2019	104	113	116	55	33	39	18	478
2020	111	131	120	64	33	45	19	523

根据民航局统计，2019年通用航空在册航空器总数达到2707架，其中，教学训练用飞机849架，全行业完成通用航空生产飞行106.50万小时，比上年增长13.6%。其中，载客类作业完成9.95万小时，比上年增长17.5%；作业类作业完成16.05万小时，比上年增长4.3%；培训类作业完成38.66万小时，比上年增长26.1%；其他类作业完成5.32万小时，比上

年增长6.6%；非经营性作业完成36.52万小时，比上年增长6.7%。

截至2020年底，通用航空在册航空器总数达到2892架，其中，教学训练用飞机1018架。全行业完成通用航空生产飞行98.40万小时，比上年下降7.6%。其中，载客类作业完成8.96万小时，比上年下降10.0%；作业类作业完成15.06万小时，比上年下降6.2%；培训类作业完成36.94万小时，比上年下降4.4%；其他类作业完成4.22万小时，比上年下降20.7%；非经营性完成33.21万小时，比上年下降9.1%。表2.2为近年来我国通用航空发展情况汇总。

表2.2 近年来通用航空发展情况汇总表

年份	飞机总数/架	飞机数增长	飞行总量/小时	飞行量增长	通航企业数/家	通航企业增长
2006	653	24.90%	212948	11.20%	68	15.30%
2007	713	9.20%	260717	22.40%	72	5.90%
2008	779	9.30%	272843	4.70%	89	23.60%
2009	817	4.90%	329874	20.90%	103	15.70%
2010	1010	23.60%	367562	11.40%	111	7.80%
2011	1124	11.30%	502731	36.80%	123	10.80%
2012	1320	17.40%	517037	2.80%	146	18.70%
2013	1519	15.10%	590890	14.30%	189	29.50%
2014	1789	17.80%	674944	14.20%	239	26.50%
2015	1904	6.40%	779338	15.50%	281	17.60%
2016	2096	10.10%	764685	-1.90%	320	13.90%
2017	2087	-0.43%	837496	9.50%	365	14.10%
2018	2291	9.77%	868000	3.64%	422	15.62%
2019	2707	18.16%	1065000	13.6%	478	13.27%
2020	2892	6.83%	984000	-7.61%	523	9.41%

2.2.2 通用机场

经过几十年的建设和发展，我国通用机场体系粗具规模。截至2017年，我国共有229个运输机场，通用机场76个。自2017年4月14日民航局发布《通用机场分类管理办法》以来，取证通用机场数量一直处于加速增长态势。2018年，通用机场数量增长126个，达到202个。2019年底，我国通用机场总数达247个，首次超过公共运输机场的数量。

2020年，我国通用机场建设发展迅速，通用机场总量和增长量均有较大突破，仅次于通用机场建设大爆发的2018年。通用机场信息平台统计数据显示：截至2020年12月31日，我国已发布通用机场340个，其中已取证通用机场77个，已备案机场258个，其他起降场5个。相比2019年的247个，2020年净增通用机场93个，增长率37.7%，增长量及增长率均再创新高。从2013年到2020年通用机场具体数量及增长情况见图2.2。

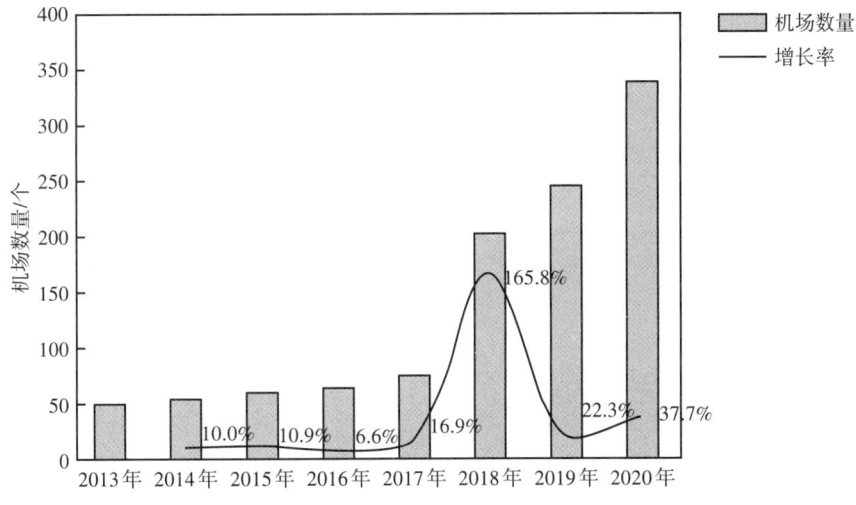

图2.2 2013—2020年我国通用机场数量变化情况

在已发布的通用机场中，允许公众进入以获取飞行服务或自行开展飞行活动的通用机场较少（A类通用机场）。数据显示：2020年A类通用机场仅有127个，占比37.4%；B类通用机场213个，占比62.6%。而A类通用机场中，可供大型航空器（乘客座位数在10座以上的航空器）开展商业载客飞行活动A1类通用机场83个，占A类通用机场的六成以上，A2类通用机场27个，A3类通用机场17个。机场类型具体数据见表2.3。

表2.3 2019年和2020年我国各类/级别通用机场数量统计

机场类型		2019年		2020年		增长量/个
		数量/个	比例	数量/个	比例	
A类	A1	68	28.1%	83	24.5%	15
	A2	19	7.9%	27	8.0%	8
	A3	10	4.1%	17	5.0%	7
B类	—	145	59.9%	213	62.5%	68

与此同时，通用机场地区分布不均衡现象依然存在，但地区间差异有所缩小。2020年，东北地区拥有通用机场102个，排名第一；依次是华东地区（77个）、中南地区（56个）、华北地区（51个）；而新疆（14个）、西北地区（17个）、西南地区（23个）的广大区域分布较少，各地位机场分布数量见表2.4，占比见图2.3。

表2.4 2020年我国通用机场地区分布表   单位：个

地区	A1	A2	A3	B	总计
华东地区	26	9	1	41	77
东北地区	6	3	11	82	102
华北地区	22	0	0	29	51
中南地区	13	7	4	31	56
西南地区	9	6	0	8	23
西北地区	7	2	1	7	17
新疆	0	0	0	14	14

2 通用航空国内外发展现状分析

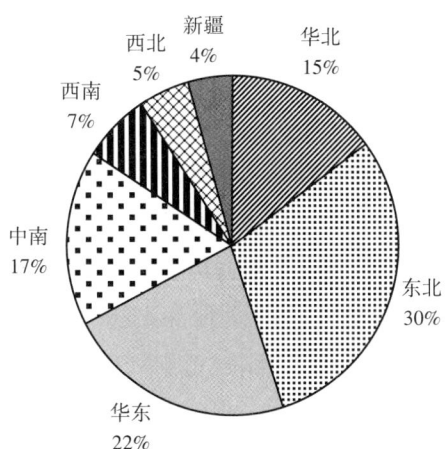

图 2.3 2020年我国通用机场各地区占比

以通用机场用途而论，东北地区、新疆地区以不对公众开放的 B 类通用机场为主，主要支持进行农林喷洒等传统作业；相比之下，华东地区、华北地区、中南地区支持开展商业载客飞行活动的 A 类通用机场占比较高。

2020年，全国各类通用机场数量均实现了增长。全年新增的94个通用机场中，表面直升机场增量最多，新增39个，占比41.5%；其次是跑道型机场兼表面直升机场新增21个，高架直升机场新增19个。见表2.5。

表 2.5 2020年我国新增通用机场类型统计表　　单位：个

年份	2019年	2020年	净增
跑道型机场	153	166	13
表面直升机场	74	113	39
跑道型机场兼表面直升机场、水上机场	0	2	2
跑道型机场兼表面直升机场	12	33	21
高架直升机场	5	24	19
表面直升机场兼水上机场	1	1	0
水上机场	1	1	0
合计	246	340	94

2.2.3 通用航空飞行服务

目前，我国通航企业一般采用自建飞行保障部门、委托运输机场或代理中介提供服务的方式来提交飞行计划、获取航行情报与航空气象资料。我国首批由国家空管委办公室主导、民航局与各地方政府配合开展的通用航空飞行服务站试点，初步完成沈阳法库、深圳南头、珠海三灶、海南东方四个飞行服务站建设，试点工作取得一定进展，摸索了飞行服务站建设与管理模式。

FSS主要提供飞行员飞行前的航空信息简报、航路通信，以及搜寻、救援服务，协助迷航的航空器和紧急状态下的航空器，转发空管管制许可，编发航行通告（NOTAM）、航空气象广播和空域信息，接收和处理飞行计划，具备监视助航等服务，保证通用航空飞行的安全、快捷、高效。我国通航飞行服务站建设目前存在两种模式：①国家投资建设。由国家军民航管理部门出资建设通航飞行服务站，验收后交由地方政府或企业运营管理，沈阳法库、深圳南头和海南东方均采用此种模式。②地方投资建设。地方政府为促进当地通航产业发展，投资建设通航飞行服务站，并指定下属国有企业运营管理，珠海三灶采用此种模式。运营方面走企业化管理模式，定位为公益性服务平台，为通航用户提供低廉甚至免费服务。建设试点为我国飞行服务站发展提供了有益探索。目前，重庆、青岛、烟台等地区已经开始建设FSS，见表2.6。

2012年10月，民航局发布了《通用航空飞行服务站系统建设和管理指导意见》，对飞行服务站的基本功能与流程、系统配置与服务内容进行了界定。有关院校在空管委办公室协调下对几个飞行服务站试点单位的专业技术人员开展了培训。总体情况为：①服务功能难以真正实现。飞行服务站服务功能实现难的原因主要有两个：一是军方难以划定飞行服务站的管辖范围，无法授权飞行服务站受理飞行计划服务；二是缺少通用航空服务频率、未加装机载ADS-B设备等，无法提供飞行中服务。②基本信息数据不易获得。飞行服务站目前仅能实现飞行前计划代为申报的服务，飞行中的计划变更、气象信息和情报信息都无法提供。目前，

表 2.6　中国已建及在建 FSS

服务站名称	地区	投资主体	建设模式
沈阳法库	东北	国家部委	国家军民航管理部门出资建设，验收后交由地方政府或企业运营管理
深圳南头	中南		
海南东方	中南		
珠海三灶		地方政府	地方政府为促进当地通航产业发展，投资建设并指定下属国企运营管理
重庆两江	西南		
新疆兵团（在建）	新疆		
山东济南	华东	联合投资	由行业协会、系统供应商及民航空管组建专门平台合作建设和运营
山东青岛	华东		
四川成都（在建）	西南		

民航的气象部门、情报部门仅能提供机场、航路航线和高空的气象、情报信息，无法提供相应的低空气象或情报信息。同民航一样，军航也无法提供相应信息，所以飞行服务站信息获取困难。此外，飞行服务站数量少，覆盖范围有限，难以形成低空空域飞行服务网络。③试点无法融入民航现有空管保障体系。从目前飞行服务站的人员状况、设备状况来看，与民航空管运行单位的差距巨大，难以有效融入现有空管保障体系。

2.2.4　通用航空专业人才状况

我国民用航空驾驶执照呈逐年上升趋势，截至2020年底，中国民航驾驶员有效执照总数为69442本，比上年底增加1489本。其中，运动驾驶员执照（SPL）1113本，私用驾驶员执照（PPL）4015本，商用驾驶员执照（CPL）37881本，多人制机组驾驶员执照（MPL）192本，航线运输驾驶员执照（ATPL）26241本。2015年至2020年航空驾驶执照数量及增长速度如图2.4所示。

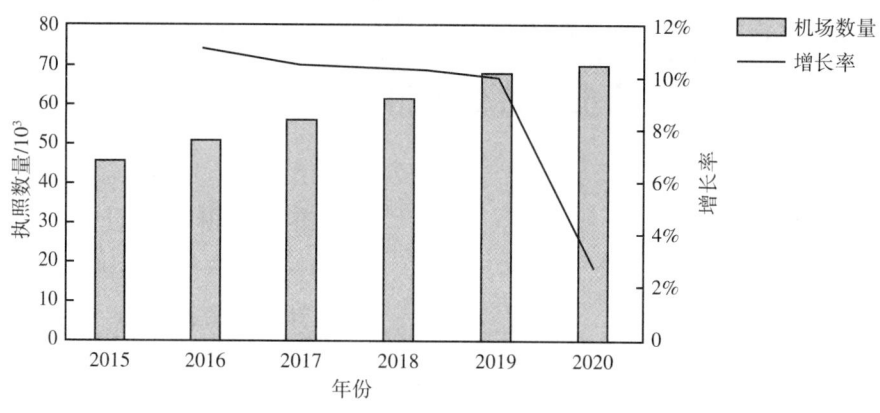

图 2.4　2015—2020 年飞行执照数量

从持有驾驶员执照类型上看，我国通用及小型运输航空飞行员多数持有商用驾驶员执照。统计数量如下，持有商用驾驶员执照的有3235人，持有航线驾驶员执照的有513人，持有运动类驾驶员执照的有33人，具体分布情况见图2.5。我国通用及小型运输航空飞行员年龄结构跨度较大，主力军为20世纪80到90年代出生的飞行员。

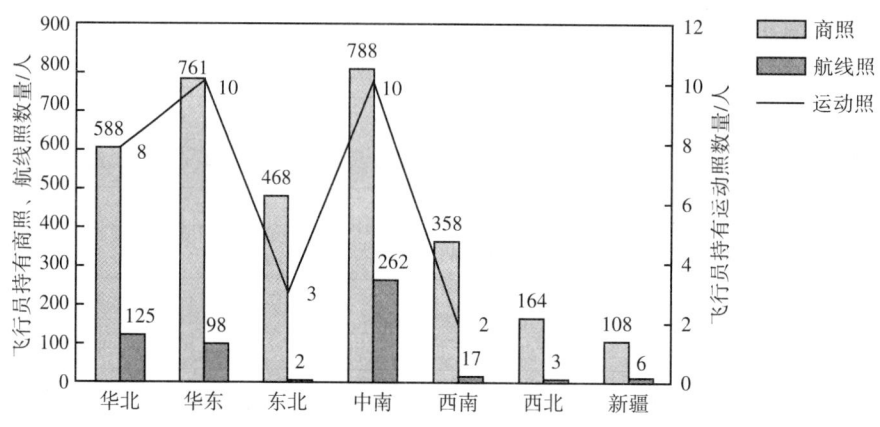

图 2.5　通用及小型运输航空公司飞行员持有驾照情况统计图

根据民航局发布的《2020年通用和小型运输运行概况》，截至2020年12月31日，我国从事通用及小型运输的飞行员有3781名（含中国籍飞行员3733人，外籍飞行员48人）。其中，华北地区721人，华东地区869人，中南地区1060人，西南地区377人，东北地区473人，西北地区167人，新疆地区114人，如图2.6所示。

2 通用航空国内外发展现状分析

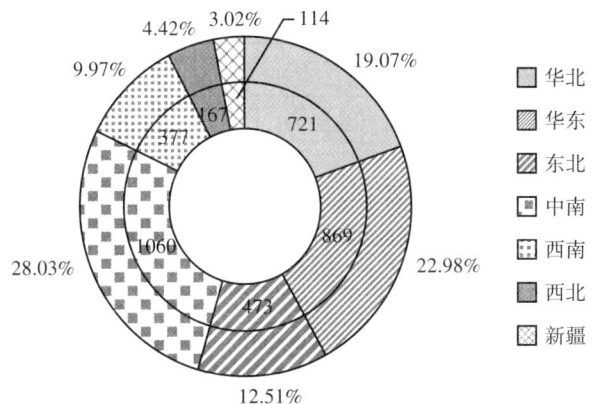

图 2.6 从事通用及小型运输的飞行员各地区分布

截至 2021 年 5 月，我国境内经批准的 CCAR-141 部驾驶员学校共有 43 家。共有飞行教员 825 人，华北 133 人，华东 135 人、中南 206 人、西南 99 人、东北 142 人、西北 53 人、新疆 57 人。如图 2.7 所示。

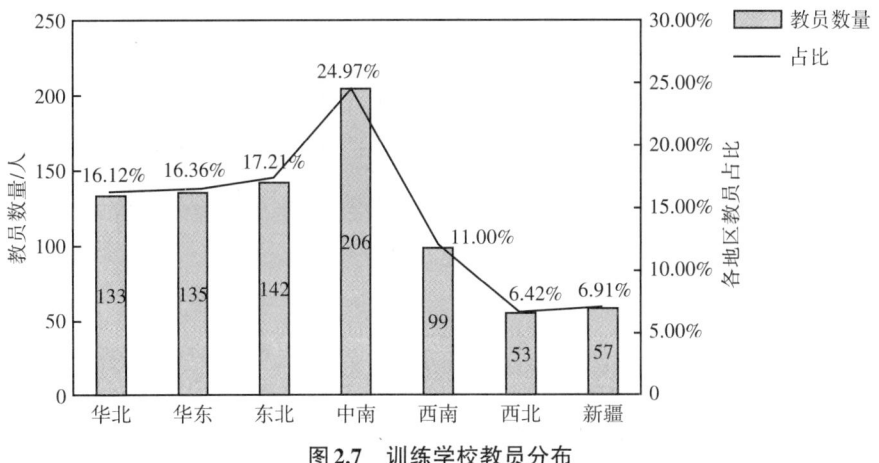

图 2.7 训练学校教员分布

2.2.5 通用航空作业与运营情况

通航现有的运行种类包括一般商业、农林喷洒、旋翼机外载荷、训练飞行、空中游览、私用大型、航空器代管业务等。其中，从事训练飞行的比重最大；其次是空中游览和农林喷洒。如图 2.8 所示。

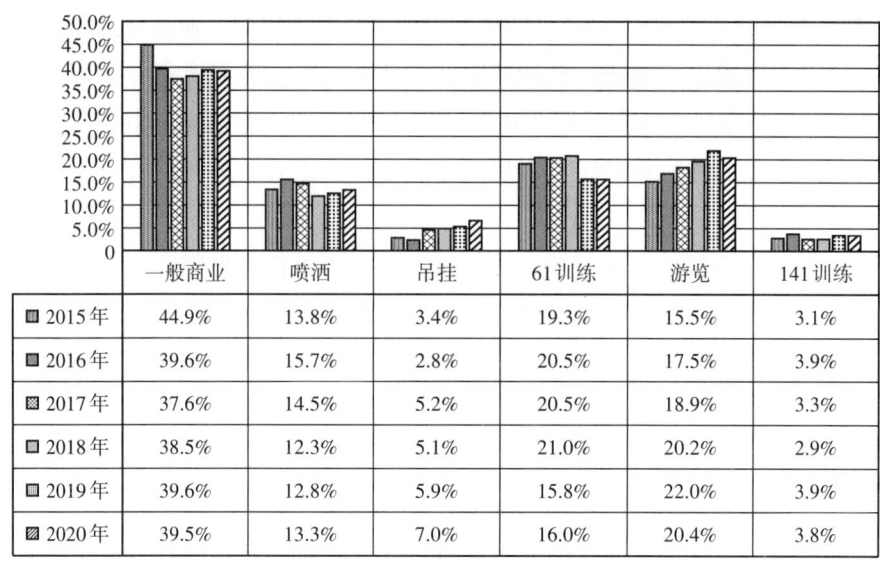

图 2.8 通用及小型运输航空公司运行种类对比图

	一般商业	喷洒	吊挂	61训练	游览	141训练
2015年	44.9%	13.8%	3.4%	19.3%	15.5%	3.1%
2016年	39.6%	15.7%	2.8%	20.5%	17.5%	3.9%
2017年	37.6%	14.5%	5.2%	20.5%	18.9%	3.3%
2018年	38.5%	12.3%	5.1%	21.0%	20.2%	2.9%
2019年	39.6%	12.8%	5.9%	15.8%	22.0%	3.9%
2020年	39.5%	13.3%	7.0%	16.0%	20.4%	3.8%

2019年，各通用航空飞行作业类型中，执照培训占55%，工业占16%，农业占8%，消费类占4%、交通运输占4%，应急救援占3%，其他作业总和占10%，如图2.9所示。在当前工业和农业领域，无人机有着逐步取代传统固定翼和直升机的趋势，但在通航消费（空中游览、跳伞飞行和个人娱乐飞行）、交通运输（包机和短途运输）和应急领域，仍然有着巨大的市场潜力。

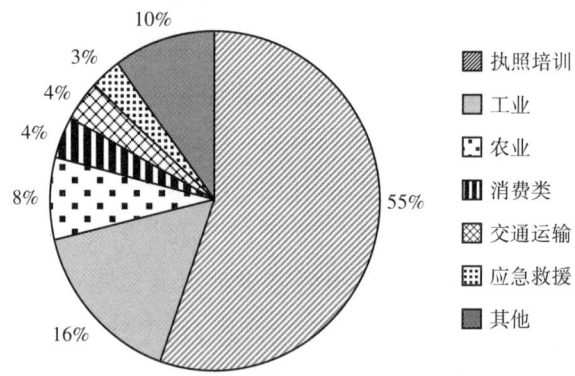

图 2.9 2019年中国通用航空年作业时间结构图

通用航空飞行作业时间方面，2020年由于受到新冠肺炎疫情的影响，全年飞行时间为984千小时,相比上年下降4.61%,如图2.10所示。

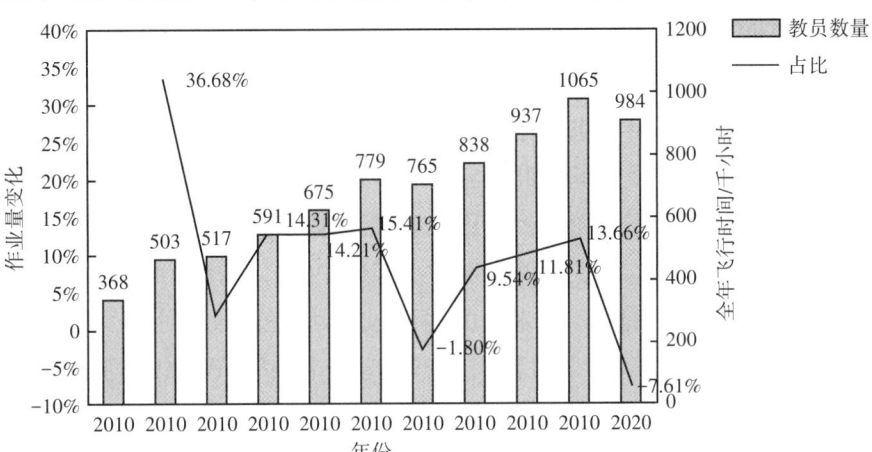

图 2.10　2010—2020年中国通用航空作业量变化趋势

2.3　我国通用航空市场增长动力

通用航空作为一种战略性新兴产业,以其高效便捷、用途广泛等特点备受各界关注。通用航空带动其他行业经济增长的潜力不可被低估,同时其具有不可替代性,对加速我国经济发展的重要性不言而喻。发展通用航空,对于扩大内需、调整经济结构、促进科技进步和构建综合交通运输体系均具有重要意义。为促进我国通航产业的发展,近年来国家出台了一系列利好政策,如《关于深化我国低空空域管理改革的意见》《国务院关于促进民航业发展的若干意见》等。从地方政府到企业,均对发展通用航空有极高的积极性,使其成为近几年饱受关注的行业之一。然而,我国通用航空市场的发展速度却不尽如人意。

2.3.1　数据说明与变量选取

2.3.1.1　数据说明

本文采用2006—2016年我国通用航空飞行时间数据进行分析,各年总飞行时间、农林业作业时间及工业时间均来自《2017从统计看民航》，飞行培训时间来自《我国通用航空运输系统发展战略研究》《通用航空发展现状数据采集研究报告》。其他飞行作业时间则根据差值法计算得来。之所以选择2006年作为起始点，是由于《2017从统计看民航》中仅有近20年的通用航空作业时间。此外，2006年以前的飞行培训时间并未对外公开，属于缺漏值，从而将其剔除。同时，若选择时间段过短，则模型回归将会失真。综合以上原因，本文研究选定的数据为2006—2016年的通用航空作业时间。

2.3.1.2 变量选取

由前文可知，农林业、工业航空作业及飞行培训时间总和均占各年总飞行时间的80%以上，本文所讨论通用航空总飞行时间共包括四个方面：农林业飞行、工业飞行、飞行培训、其他飞行。将这四种因素对总飞行时间增长情况进行多元线性回归分析。其中，总飞行时间增长率为被解释变量，农林业、工业、飞行培训、其他的增长率为解释变量。

在上述基础上，引入控制变量来控制其他因素对通航市场增长可能产生的影响。国民经济增长作为宏观经济环境因素对通航市场发展的作用不容忽视，因此选择国民经济增长水平为第一个控制变量，用人均GDP来描述。此外，作为下游产业，农林业和工业的发展对通用航空市场发育具有较大影响，农林业、工业的经济增长势必会加大资金投入用于农林业、工业通用航空作业，从而对通用航空总飞行时间的增长也会有影响。因此，把农林业、工业的经济增长水平考虑在内，即为第二、第三个控制变量。

2.3.2 描述性统计分析

为方便后续说明，被解释变量年总飞行时间增长率用y来表示，解释变量农林业、工业、飞行培训、其他作业的年增长率分别用agr、ind、tra、oth来表示。再分别用$pgdp$、$lagr$、$lind$来表示三个控制变量：人均GDP、农林业的经济增长水平、工业的经济增长水平。本文运用stata15

软件对我国通用航空市场增长情况进行分析，表2.7给出了各变量的描述性统计。

表 2.7　回归变量基本信息表

变量	变量含义	观测值	平均值	标准误	最小值	最大值
agr	农林业作业增长率	10	0.06683	0.094252	-0.1179	0.2114
ind	工业作业增长率	10	0.09164	0.165459	-0.133	0.3598
tra	飞行培训作业增长率	10	0.17057	0.236922	-0.1245	0.6871
oth	其他作业增长率	10	0.23802	0.389163	-0.3203	1.0172
$pgdp$	人均GDP增长率	10	0.12498	0.058281	0.0591	0.2251
$lagr$	农林业经济增长率	10	0.10767	0.05964	0.0452	0.1908
$lind$	工业经济增长率	10	0.10564	0.076647	0.0057	0.2109

2.3.3　基本模型设定与实证结果

通过上述分析建立基本方程如下：

$$y = \alpha + \beta_1 agr + \beta_2 ind \tag{2.1}$$

在方程（2.1）基础上依次添加控制变量，建立方程（2.2）如下：

$$y = \alpha + \beta_1 agr + \beta_2 ind + \beta_3 tra + \beta_4 oth + \beta_5 pgdp + \beta_6 lagr\beta + \beta_7 lind \tag{2.2}$$

首先，通过Breusch-Pagan方法对上述五个模型进行异方差检验。检验结果见表2.8。

表 2.8　*B-P检验结果*

	模型1	模型2	模型3	模型4	模型5
chi^2	0.16	0.27	0.18	0.21	0.00
P	0.6686	0.6063	0.6696	0.6441	0.9497

由于上述P值均大于0.1，故该组模型均不存在异方差。

本文研究采用小样本数据，由 B-P 检验可知，该组数据为同方差序列，因此 OLS 为最佳线性无偏估计量，故选用 OLS 回归，回归结果见表2.9。

表2.9 基本模型回归结果

	模型1	模型2	模型3	模型4	模型5
agr	0.155	0.171	0.167	0.161	0.249
	(1.12)	(1.09)	(1.00)	(1.03)	(1.02)
ind	0.203	0.160	0.183	0.178	0.306
	(1.63)	(0.93)	(1.05)	(0.95)	(1.23)
tra	0.604***	0.584***	0.595***	0.595***	0.557**
	(9.14)	(6.67)	(6.81)	(6.87)	(5.34)
oth	0.093*	0.104	0.098	0.101	0.018
	(2.09)	(1.87)	(1.63)	(1.62)	(0.16)
pgdp		0.126			0.279
		(0.41)			(1.08)
lagr			−0.061		0.107
			(0.19)		(0.08)
lind				0.051	−1.824
				(0.21)	(−0.90)
_cons	−0.013	−0.25	−0.018	−0.017	−0.106
	(−0.48)	(−0.60)	(−0.45)	(−0.48)	(−1.06)
F	25.39	16.97	16.41	16.43	9.45
P	0.0016	0.0085	0.0090	0.0090	0.099
R^2	0.9531	0.955	0.9535	0.9536	0.9707
Adj_R^2	0.9156	0.8987	0.8954	0.8955	0.8679
MSE	0.0322	0.0353	0.0359	0.0359	0.0403
N	10	10	10	10	10

注：*$P<0.1$；**$P<0.05$；***$P<0.01$。

从表2.9回归结果可知：

（1）无论从R^2值还是调整后R^2值来看，五个模型拟合程度都比较好，这表明模型设定基本合理。

（2）模型1是未加控制变量的OLS回归结果。飞行培训增长情况对总飞行时间增长情况的影响在1%水平下高度显著，当飞行培训飞行量增加1%时，通用航空飞行作业总量增加0.604%。其他飞行的影响在10%水平下相对显著。

（3）模型2、3、4是依次加入人均GDP增长率、农林业经济增长率、工业经济增长率三个控制变量的OLS回归结果。飞行培训增长情况对总飞行时间增长情况的影响在1%水平下依旧非常显著，而加入控制变量之后，其他飞行的增长情况不再显著。依次加入的控制变量对总飞行时间增长率的影响均不显著。

（4）模型5是综合考虑了国民经济、农林业和工业的经济增长水平可能会对通航市场带来的影响，同时加入三个控制变量的OLS回归结果。三个控制变量对总飞行时间增长率的影响虽不显著，但加入三个控制变量之后，飞行培训增长情况对总飞行时间增长情况的影响依旧在5%水平下显著，即在考虑所有控制因素条件下，飞行培训增加1%的飞行量，拉动我国通用航空飞行作业总量为0.557%。

综合分析回归模型的结果，飞行培训增加1%，对我国通用航空飞行作业的拉动效应为0.55%~0.6%，而农林业飞行、工业飞行、其他飞行对我国通用航空飞行总量增长的影响在统计上并不显著。在经济上对我国通用航空飞行总量增长影响从大到小的顺序依次为：飞行培训、工业飞行、农林业飞行和其他飞行。

虽然加入的控制变量对我国通用航空飞行总量影响并非十分显著，但是不容忽视我国通航市场的发展会受到所加入控制变量的影响。以下从残差正态性方面对模型5的合理性做进一步分析，其残差正态性检验见图2.11。

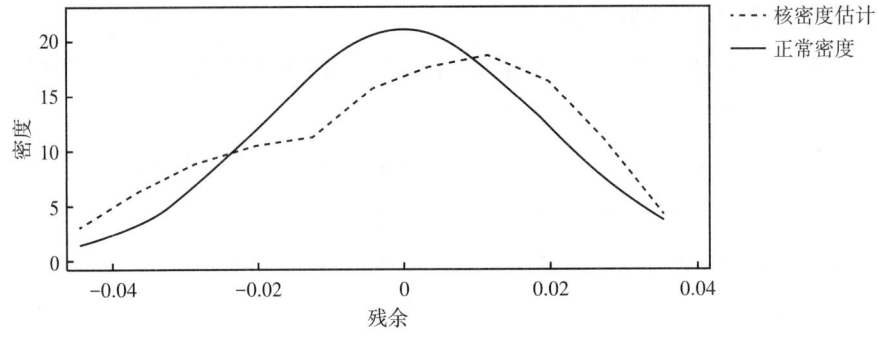

图2.11 残差正态性检验分析图

由图2.11可知,模型5基本满足正态分布,这说明模型设定合理。因此模型5为最优,建立回归方程如下:

$$y = -0.016 + 0.249agr + 0.306ind + 0.557tra + 0.018oth + 0.279pgdp + 0.107lagr - 1.824lind$$

2.3.4 通航市场增长动力分析

研究结果表明:①农林业飞行、工业飞行和飞行培训占通用航空飞行作业总量的80%以上;②在经济上对我国通用航空飞行作业贡献从大到小的顺序依次为:飞行培训、工业飞行、农林业飞行和其他飞行(包括公务机、通用航空旅游、航空体育、航空救援等);③飞行培训的增长对我国通用航空市场增长的影响非常显著,在控制其他条件不变的情况下,飞行培训增长1%,将拉动通用航空飞行作业总量增长0.557%~0.604%,这说明目前飞行培训是拉动我国通用航空市场增长的最大动力。本书进一步对飞行培训的增长进行分析,认为其主要受益于企业与个人对我国通航市场的爆发式增长抱有乐观的预期,以及在空域管制状况下,低空空域申请的便利性。

通过前文分析得出如下启示:目前,我国的经济总量已经仅次于美国,经济年均增长率保持在6%以上。我国综合国力的增强必然为通用航空发展奠定了坚实基础,国民收入的增加和居民消费水平的提高将为通用航空产业发展提供持续动力。研究结果表明,当人均GDP年收入达到

4000美元时，通用航空产业将得到快速发展，目前我国人均收入已经超过4000美元，我国通用航空市场依旧发展缓慢。虽然现阶段人们对通用航空的预期是好的，积极性较高，但该行业尚不具备吸引大规模资本进入的条件。从飞行培训成为拉动我国目前通用航空飞行业务量增长的主要动力可以看出：一方面，全社会对该行业快速增长存在乐观预期；另一方面，通用航空的下游产业对通用航空飞行的需求量虽然很大，但产生的市场交易量并不大。一是供给方的乐观预期与需求方的巨大需求，二是市场交易量的不尽如人意，说明存在该行业发展的瓶颈性因素。一旦此种状况持续太久，对通用航空的乐观预期必然下降，势必会导致我国通用航空市场的发展呈下滑趋势。因此，对于阻碍我国通用航空产业发展瓶颈问题的研究显得格外迫切。

3 辽宁省通用航空产业发展总体状况

辽宁省航空工业基础雄厚,全省拥有120余家企事业单位从事航空器及零部件生产、设计开发、服务和运营,从业人员3.5万余人。其中,中航工业沈阳飞机设计研究所、中国航发沈阳发动机设计研究所、中国航空工业空气动力研究院、沈阳航空航天大学、辽宁通用航空研究院等单位为科研设计的骨干单位;中航工业沈阳飞机工业(集团)有限责任公司、沈阳黎明航空发动机(集团)有限公司、中航沈飞民用飞机有限责任公司、沈阳中体轻型飞机制造公司、中澳航空科技公司、沈阳兴华航空电器有限公司、沈阳航天新光集团公司等是航空器及关键配套零部件生产的主要企业。生产的通用航空器机型有塞斯纳LSA162、佳宝J160C/J230C、海燕650等。拥有国家级技术中心2个、省级技术中心5个、高校及科研院所15所。

目前,辽宁省拥有5家通航产业基地。其中,沈阳国家航空高技术产业基地为国家级的航空产业基地,沈阳法库通用航空产业园、盘锦通用航空产业园、大连通用航空产业园和朝阳通用航空基地均为省内地方规划设立的航空产业园。沈阳法库通航产业基地于2010年9月获军委空军司令部批复,成为东北地区首个正式获得批复的通航机场。2012年3月,沈阳法库财湖机场正式被国家空管委、军委空军司令部批准成为我国第一个低空空域航空服务站试点,未来中国低空开放管理模式将在法库率先推广。

民航局于2007年在沈阳成立的小飞机适航审定中心,是我国唯一的小飞机适航审定机构,是民航局对东北通用航空产业的支持。

4 辽宁省通用航空产业链分析

从产业链分工角度看，通用航空整条产业链分为研发设计、制造、销售与服务、运营与使用、运营保障与服务五大核心环节。制造环节又可分为原材料供应、零配件与零部件生产、总机装配三个小环节。产业链涉及研究开发、高端制造、冶金化工、先进材料、电子信息、仪器仪表、新能源、建筑材料、基础建设、人员培训、物流、贸易、维修维护、金融服务、旅游、农林、防火防灾、医疗救护、资源勘探等各个领域。本书按照如图4.1所示的结构对辽宁省通用航空产业链进行分析。

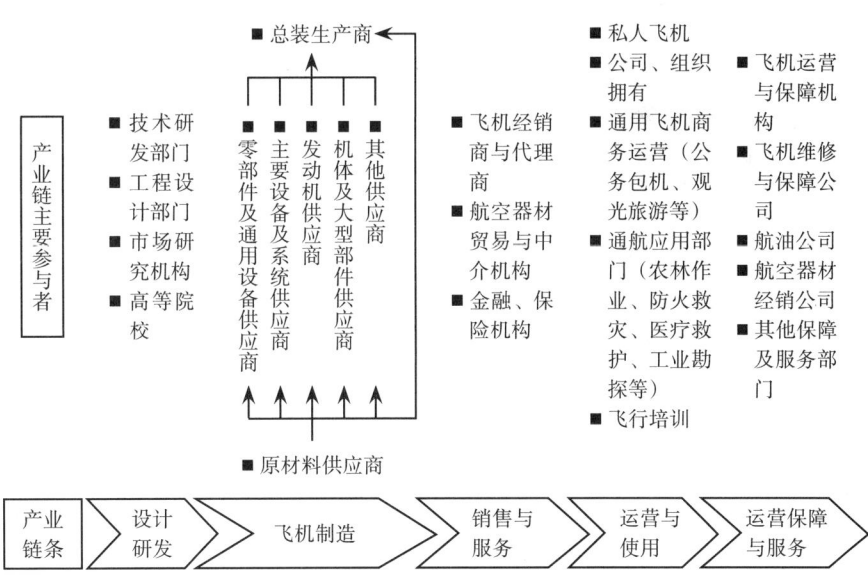

图4.1 辽宁省通用航空产业链构成

4.1 辽宁省通用航空设计与研发

辽宁省经过多年发展，形成了较完善的航空航天科技研发体系。以中航工业沈阳飞机设计研究所（601所）、中国航发沈阳发动机设计研究所（606所）、中航工业沈阳空气动力研究所（626所）、辽宁通用航空研究院，以及沈阳航空航天大学和大连理工大学等高等院校组成的科研机构，以沈阳飞机工业（集团）有限公司、沈阳兴华航空电器有限公司、沈阳航天新乐有限公司、沈阳航天新光集团公司、沈阳航天新星机电有限公司为代表的大中型企业，以辽宁壮龙无人机科技有限公司等新兴通用航空企业创新主体共同构成了辽宁省航空产业技术研发与创新体系。辽宁省通用航空技术科研院所研发能力现状简表如表4.1所示。

表4.1 辽宁省通用航空技术科研院所研发能力现状

通用航空公司名称	研发能力	研发领域	研制机型
中航工业沈阳飞机设计研究所	试验设施完备，拥有国内先进的飞机控制工程综合试验室、全机电磁兼容性实验室等25个配套设施齐全的重点专业实验室，具备大规模数字化仿真设计验证环境	飞机设计、试验验证和技术支持	高空高速歼击机——歼-8白天型飞机及20多个型号的战斗机
中国航发沈阳发动机设计研究所	拥有工程经验丰富的，涵盖空气动力、流体力学、工程热物理、强度、控制等近40个专业领域的科研队伍	大中型涡喷、涡扇航空发动机和燃气轮机的研发	"昆仑"发动机、"太行"发动机
中航工业沈阳空气动力研究所	建有7个综合科研团队，拥有各类高低速风洞13座；设有学术学位二级学科硕士点1个，是	空气动力技术基础研究、高低速风洞试验技术研究、CFD技术研究与应用、飞行器气动布局设计技术研究、风洞	FL-2、FL-8等风洞

表4.1（续）

通用航空公司名称	研发能力	研发领域	研制机型
	经国家批准设立的博士后科研工作站	及风洞试验设备设计与制造、各类航空飞行器风洞试验	
辽宁通用航空研究院	建立了以院士为首席科学家的五个方向共15个创新团队，目前研发人员规模达到150名，有1万米^{2}通用航空研发大楼，具备国内一流的科研条件	通用航空领域自主知识产权产品、新能源电动飞机	锂电池电动固定翼无人机"沈鹰1号"、燃料电池电动固定翼无人机"雷鸟"、锂电池电动双座轻型运动飞机RX1E、增程型电动飞机RX1E-A
沈阳航空航天大学	现有新能源通用飞机技术国家地方联合工程研究中心、辽宁先进通用飞机设计与制造省部共建协同创新中心2个国家级科研平台，20个省部级重点实验室（工程中心），1个省级协同创新中心	航空装备设计制造与试验技术、航空信息化与控制技术	"锐翔"（RX1E）
大连理工大学	拥有一批高水平的科研平台		—
沈阳兴华航空电器有限公司	建立了国家实验室，被认定为航空重点型号工程电连接器可靠性筛选中心。公司设有院士工作站、博士后流动工作站	航空电连接器、配套产品	WF-D05涡轮发电机、DG-201永磁无刷直流电动机、JZZ-6型自整角机和交直流轴流风机、ZKC系列、ZKP系列和KAF-1应急开关；涡扇系列发动机电缆、涡轴系列发动机电缆、DQ23系列低压电缆、BZL系列总线电缆、TXY系列通讯引线电缆、PJ系列地面电源电缆、1553B数据总线

表4.1（续）

通用航空公司名称	研发能力	研发领域	研制机型
沈阳航天新乐有限公司	—	航天产品的开发、研制、生产；航天试验专用设备制造、维修，机械设备制造；计算机软件开发；仪器仪表生产、修理；理化检测、技术咨询；航空航天科学技术研究服务	—
沈阳航天新光集团公司	工厂现有员工1600余人，各类专业技术人员近400人，占地面积26万米^2，各类设备800余台，总资产7亿元	军品配套、无人化智能装备、压力容器设计制造、先进制造技术	长征系列运载火箭三子级发动机、TF-1无人机、天象一号无人船
沈阳航天新星机电有限公司	—	汽车改装，机械电子设备、加油机及自动加油计量设备、制冷设备、家用电器、航空航天配套产品、水工金属结构产品制造及技术服务，自营和代理各类商品和技术的进出口	—
辽宁美托科技有限公司	地区复合材料重点工程技术中心	铝合金等金属高压气瓶、复合材料高压气瓶、金属承压容器内胆及延伸产品	高压气瓶
沈阳铸航科技有限公司	拥有十分完善的铸造生产设备、机械加工设备和先进的理化分析、无损检测设备，投资规模3000万元，现有员工85人，其中工程技术人员15人	航空及民用精密铸件、砂型铸件制造、航空标准件研制开发、机械零部件加工	军工配套企业

表4.1（续）

通用航空公司名称	研发能力	研发领域	研制机型
辽宁壮龙无人机科技有限公司	国家高层次人才特聘专家2人，教授2人，博士和硕士共10人	工业级无人机整机及飞行控制系统的技术研发	农林植保行业产品"大壮"（CT 310）、物流运输行业产品"邮易"（JW 100）
九成通用飞机设计制造（大连）有限公司	拥有完善的安全、适航管理、符合性方法验证及培训等体系，公司技术团队现有近50人。其中，博士5人，硕士7人，本科学历者26人	通用飞机技术研发，通用飞机制造技术开发、设计、销售、技术服务，货物、技术进出口，国内一般贸易	—
沈阳空管技术开发有限公司	民航局专家库专家2人，教授级高级工程师1人，高级工程师6人	民航空管领域国产设备研发、生产及推广，涉及语音交换与传输、场监雷达、通用航空指挥服务、民航广域信息管理（SWIM）、语音通信（VoIP）及管制移交（AIDC）	现已形成以AT-VCS 0422数字内话系统、Delta 400空管多业务接入平台为核心的三大类、23项自主知识产权科研产品、飞行服务云平台

4.1.1 中航工业沈阳飞机设计研究所

中航工业沈阳飞机设计研究所科研实力雄厚，专业设置齐全，涵盖了飞机设计、试验验证和技术支持三大类，共计54个重点专业领域、158个设计专业。设计手段先进，形成了以计算机辅助设计、工程分析、型号管理为主的应用系统，具备进行飞机全机三维数字化设计制造能力和手段，可同时进行多个型号设计。试验设施完备，拥有国内先进的飞机控制工程综合试验室、全机电磁兼容性实验室等25个配套设施齐全的重点专业实验室，具备大规模数字化仿真设计验证环境。

中航工业沈阳飞机设计研究所自建立以来，成功研制了我国第一架高空高速歼击机——歼-8白天型飞机，开辟了我国航空武器自主研制的新纪元；随后研制的20多个型号的战斗机，研制范围涵盖了空中优势、舰队防空、对面攻击、侦察和教练等领域；批量装备部队的战机已经成为军队战术体系中的高端主战装备；荣获国家和省部级以上成果奖达400多项，其中两型飞机荣获国家科技进步特等奖，一型飞机荣获国家科技进步一等奖，三型飞机荣获国防科技工业金奖、银奖；先后荣获国家高技术武器装备建设重大贡献奖、全国五一劳动奖状、全国企业文化先进单位等多项荣誉。

4.1.2　中国航发沈阳发动机设计研究所

中国航发沈阳发动机设计研究所创建于1961年8月，现有工程技术人员1820余名，其中硕士、博士学历人员950余名，是新中国第一个航空发动机设计研究所，是中国大中型涡喷、涡扇航空发动机的研发基地，同时还承担着燃气轮机研发任务。

该研究所科研实力雄厚，拥有工程经验丰富的，涵盖空气动力、流体力学、工程热物理、强度、控制等近40个专业领域的科研队伍，是国家批准有权授予航空发动机设计专业硕士学位的单位，具有高性能信息化网络系统，完善的发动机整机和零部件试验手段、配套的试制加工能力，以及可靠的质量保证体系。该研究所先后研制了十多种型号的涡喷、涡扇发动机。2002年5月，"昆仑"发动机设计定型，标志着我国航空发动机实现了自行研制的历史转折，使我国成为世界上少数几个能独立自主研制航空动力的国家之一。2005年，"太行"发动机设计定型，2010年3月正式装备部队，对我国航空工业发展和空军武器装备建设具有重要意义。2010年1月11日，歼-11某飞机和太行发动机工程荣获国家科学技术进步奖特等奖。

4.1.3　中航工业沈阳空气动力研究所

中国航空工业沈阳空气动力研究所隶属中国航空研究院，是航空工业空气动力研究与试验机构，于2000年由原沈阳空气动力研究所（626

所）和哈尔滨空气动力研究所（627所）合并组建。该研究院主要从事航空气动力设计、数值模拟、风洞试验基础与应用技术研究以及配套设备研制，可承担各类航空航天飞行器型号、高铁、民用设施等高低速风洞试验与气动力综合技术服务。

该研究院建有7个综合科研团队，拥有各类高低速风洞13座；设有学术学位二级学科硕士点1个，是经国家批准设立的博士后科研工作站。该研究院FL-2、FL-8等风洞为中国飞行器研制进行了数十万次的高低速风洞试验，参与了几乎所有重点飞机型号的研制工作，先后获得部级和国家科技进步奖100多项，被评为中国航空工业重大贡献单位。

该研究院的主要专业技术业务领域包括：空气动力技术基础研究、高低速风洞试验技术研究、CFD技术研究与应用、飞行器气动布局设计技术研究、风洞及风洞试验设备设计与制造、各类航空飞行器风洞试验。

4.1.4 辽宁通用航空研究院

辽宁通用航空研究院依托沈阳航空航天大学辽宁通用航空重点实验室，是由沈阳航空航天大学、中航工业沈阳飞机设计研究所、中航工业空气动力研究院等单位联合组建的开放式通用航空科研机构。辽宁通用航空研究院主要作为辽宁省发展通用航空产业的智囊，研发通用航空领域自主知识产权产品，掌握通用航空核心技术，推进辽宁省通用航空产业发展。

为突破先进通用飞机核心技术，开发出具有自主知识产权的产品，推进通用航空产业的发展，辽宁通用航空研究院建立了以院士为首席科学家的5个方向共15个创新团队，目前研发人员规模达到150人，有1万米^{2}通用航空研发大楼，具备国内一流的科研条件。

辽宁通用航空研究院成立后，先后自主研发按照美国ASTM（美国材料和试验协会）标准进行适航审定的锂电池电动双座轻型运动飞机RX1E，目前增程型电动飞机RX1E-A通过运行审定，水上和四座电动飞机已经试飞成功。如图4.2所示。为推广新能源电动飞机，辽宁通用航空研究院注册成立了辽宁锐翔通用飞机制造有限公司，兴建了可年产20架飞机的全复合材料结构轻型通用飞机中试生产线，全面掌握了低成本全复合材料结构轻型飞机制造和装配工艺、轻型飞机复合材料结构数字化敏捷制造技术。

RX1E

RX1E-A

图 4.2 锐翔系列飞机

在无人机方面，辽宁通用航空研究院目前已经拥有五大类18个型号的无人装备产品和十余项专利技术，拥有锂电池电动固定翼无人机"沈鹰1号"、燃料电池电动固定翼无人机"雷鸟"、燃油动力长航时无人机、小型电动测绘无人机、电动多旋翼无人机等系列产品。拥有无人机设计、复合材料模具设计生产、复合材料成型、整机装配调试等专业部门。成套无人机产品年生产能力100套、复合材料无人机壳体年生产能力达150余套。成立至今，辽宁通用航空研究院为中测新图、深圳航天科工、辽宁省环保厅、沈阳市公安局和平分局等提供了数十套无人机整机或配套产品。

4.1.5 沈阳航空航天大学

沈阳航空航天大学是原航空工业部所属的6所本科航空院校之一，现已形成了以"航空装备设计制造与试验技术"为主要研究方向的航空宇航学科群和以"航空信息化与控制技术"为主要研究方向的信息科学学科群。

学校现有新能源通用飞机技术国家地方联合工程研究中心、辽宁先进通用飞机设计与制造省部共建协同创新中心2个国家级科研平台，20个省部级重点实验室（工程中心），1个省级协同创新中心——辽宁省通用航空协同创新中心。航空制造工艺数字化国防重点学科实验室是34个国防重点学科实验室之一。通用航空重点实验室是辽宁省"十二五"重大科技平台，成功研制了三款新能源飞机。其中，我国首型电动双座飞机"锐翔"（RX1E），是世界上仅有的按照美国ASTM标准进行适航审定的四款飞机之一，是国家民航管理局颁发适航型号合格审定证书的第一款电动轻型飞机。自"十一五"开始，学校先后承担了包括国家"863项目"、"973项目"、国家自然科学基金项目、国防预先研究项目、国防基础科研项目、航空预研和航空型号研究项目等国家级项目200余项，科研指标逐年提升。

4.1.6 大连理工大学

大连理工大学是教育部直属全国重点大学，是国家"211工程"和

"985工程"重点建设高校,也是世界一流大学A类建设高校。大连理工大学航空航天学院建有辽宁省空天飞行器前沿技术重点实验室,现有教授13人,副教授19人,副研究员1人,讲师6人,工程师2人。教师中包括博士生导师16人,4人入选教育部"新世纪优秀人才支持计划",3人为教育部高等学校航空航天类教学指导委员会委员。学院还有双聘院士1人,兼职教授8人。学院主要科研领域和方向包括气动与推进(先进飞行器气动布局与推进技术、计算空气动力学、航空航天推进技术、航空航天热防护技术)、结构与材料(飞行器复合材料性能分析及设计、飞行器特种材料与结构、飞行器结构设计与评估、飞行器结构安全与监测)、动力学与控制(飞行器动力学、飞行器导航制导与控制、飞行器系统仿真、空间微振动与精密系统、无人飞行器技术);已建成十余个教学科研类实验室,包括空气动力学实验室、飞行器气动弹性与风洞模型实验室、火箭发动机测试实验室、飞行器导航制导与控制实验室、飞行器材料与结构综合性能实验室、飞行器控制技术实验室、航天推进实验室、飞行器结构力学实验室、飞行器仿真实验室、大型空间智能结构实验室、极端环境材料性能实验室;承担多项国家重大项目,包括军委科技委基础加强重点项目、国家科技重大专项、军委装备发展部科研项目、国家自然科学基金重点项目、国防"973项目"、国家"863项目"、总装预研项目等。同时,学院还与中国航天科技集团、中国航天科工集团、中航工业集团所属的多家科研院所和企业建立了长期稳定的合作关系。学院科研成果中获国防科学技术进步奖二等奖、教育部自然科学奖二等奖、辽宁省科学技术奖二等奖等诸多科研奖项,授权发明专利50余项。

4.2 辽宁省通用航空企业研发与制造能力

作为制造业大省,辽宁省形成了较完备的制造业产业结构,装备制造能为通用航空发展提供基础性条件,而原有军用航空制造资源也可以很便利地应用到通用航空发展中。辽宁省长期以来是空军重要战机的生产研发地，歼-5、歼-6、歼-7、歼-8、歼-15、歼-31系列飞机都在沈阳拥有强大的航空航天制造产业链。近年来，一些企业承担新一代军用飞机和航空引擎等重要研发任务，进一步稳固了辽宁省航空制造业的优势地位，增强了航空制造能力。正是因为拥有如此雄厚的装备制造和航空制造基础，辽宁省发展通航产业也就有强大的产业支撑。辽宁省通用航空研发与制造业能力现状如表4.2所示。

表4.2 辽宁省通用航空研发与制造业能力现状

通用航空公司名称	研发与制造能力	研发与制造领域	机型
沈阳飞机工业（集团）有限公司	—	歼击机研制	国产ARJ21新支线飞机研制、L162轻型运动飞机
沈阳黎明航空发动机（集团）有限公司	—	航空发动机、燃气轮机、转包与民机、大型石化装备、机电产品、现代服务业	燃气轮机、小型发动机和增压器，以及黎明锦西化工机械（集团）有限公司生产的搅拌设备、压力容器、大型回转设备、透平机械，青岛黎明云路新能源科技公司生产的非晶带材、微波炉变压器、变频空调电抗器等产品
辽宁锐翔通用飞机制造有限公司	—	通用航空器、无人机及其零配件	"锐翔"双座轻型电动飞机RX1E、增程型双座电动飞机RX1E-A
辽宁联合航空发展有限公司	—	通用航空全产业链经营、飞机零部件制造产业化发展	TECNAM三款轻型飞机生产线
沈阳中体轻型飞机有限公司	—	中体轻型飞机	海燕650C系列轻型飞机、HU2C陆上型机、HU2CS水上型和HU2CQ雪上型飞机

表4.2（续）

通用航空公司名称	研发与制造能力	研发与制造领域	机型
锦州市华兴航空器材有限公司	—	航空器材、塑料制品制造、电气设备制造、飞机部件维修、飞机部件生产、维修技术咨询、技术服务	飞机客舱内装饰件
辽宁凯博通用航空器股份有限公司	—	通用航空器机零部件的研发制造、销售维修	—
联拓国际宇航服务（沈阳）有限公司	—	飞机零部件生产，民用飞机零部件制造，飞机维修及咨询服务，飞机清洁、飞机保洁服务	—
沈阳兴华航空电器有限公司	建立了国家实验室，被认定为航空重点型号工程电连接器可靠性筛选中心。公司设有院士工作站、博士后流动工作站	航空电连接器、配套产品	WF-D 05涡轮发电机、DG-201永磁无刷直流电动机、JZZ-6型自整角机和交直流轴流风机、ZKC系列应急开关、ZKP系列应急开关和KAF-1应急开关；涡扇系列发动机电缆、涡轴系列发动机电缆、DQ23系列低压电缆、BZL系列总线电缆、TXY系列通信引线电缆、PJ系列地面电源电缆、1553B数据总线等
沈阳航天新乐有限公司	—	航天产品的开发、研制、生产；航天试验专用设备制造、维修，机械设备制造；计算机软件开发；仪器仪表生产、修理；理化检测、技术咨询；航空航天科学技术研究服务	—

表4.2（续）

通用航空公司名称	研发与制造能力	研发与制造领域	机型
沈阳航天新光集团有限公司	工厂现有员工1600余人，各类专业技术人员近400人，占地面积26万米^2，各类设备800余台，总资产7亿元	军品配套、无人化智能装备、压力容器设计制造、先进制造技术	长征系列运载火箭三子级发动机、TF-1无人机、天象一号无人船
沈阳航天新星机电有限公司	—	汽车改装，机械电子设备、加油机及自动加油计量设备、制冷设备、家用电器、航空航天配套产品、水工金属结构产品制造及技术服务，自营和代理各类商品和技术的进出口	—
辽宁壮龙无人机科技有限公司	国家高层次人才特聘专家2人，教授2人，博士、硕士共10人	工业级无人机整机及飞行控制系统的技术研发	农林植保行业产品"大壮"（CT310）、物流运输行业产品"邮易"（JW100）
九成通用飞机设计制造（大连）有限公司	拥有完善的安全、适航管理、符合性方法验证及培训等体系，公司技术团队现有近50人。其中博士5人、硕士7人、本科学历者26人	通用飞机技术研发、通用飞机制造技术开发、设计、销售、技术服务、货物进出口、技术进出口、国内一般贸易	—
沈阳空管技术开发有限公司	民航局专家库专家2人，教授级高组长工程师1人，高级工程师6人	民航空管领域国产设备研发、生产及推广，涉及语音交换与传输、场监雷达、通用航空指挥服务、民航广域信息管理（SWIM）、语音通信（VoIP）及管制移交（AIDC）	现已形成以AT-VCS 0422数字内话系统、Delta 400空管多业务接入平台为核心的三大类、23项自主知识产权科研产品、飞行服务云平台

4.2.1　沈阳飞机工业（集团）有限公司

沈阳飞机工业（集团）有限公司（简称"沈飞集团"）隶属中国航空发动机集团，是以航空产品制造为核心主业，集科研、生产、试验、试飞为一体的大型现代化飞机制造企业，是中国重要歼击机研制生产基地。40多年来，沈飞集团共研制20多种型号数千架歼击机，创造了中国航空史上一个又一个第一，被誉为"中国歼击机的摇篮"。沈飞集团具备强大的飞机装配和系统集成能力，拥有国际先进水平的飞机装配、整机试验、可靠性试验、飞行试验的技术和设备，以及先进、完整的航空产品制造生产线。公司具备各类干线、支线飞机大部件制造能力，具备通用飞机和民用产品研制能力，拥有各类近百条飞机制造特种工艺专业生产线。沈飞集团大力开发国际民机市场，积极扩大对外合作，自1985年与欧洲空中客车公司开展国际合作以来，已同美国、英国、德国、瑞典、加拿大、以色列等十几个国家著名航空公司开展了民机零部件转包生产项目合作，并建成了多条专业生产线。沈飞集团已向波音、空客、庞巴迪、欧直德国公司、以色列航空工业公司等数家国际著名飞机制造企业提供了民机产品，建立了良好的技术合作与贸易伙伴关系。进入21世纪以来，国际合作规模和范围进一步扩大，在具有自主知识产权的国产ARJ21新支线飞机研制中，沈飞集团承担了近四分之一工作量，完成国产大飞机C919后机身前段。2007年，沈飞集团与美国赛斯纳公司进行了合作，生产L162轻型运动飞机（如图4.3），这是公司首次进入民机整机合作领域。

图4.3　L162轻型运动飞机

4.2.2 沈阳黎明航空发动机（集团）有限公司

沈阳黎明航空发动机（集团）有限公司隶属中国航空发动机集团公司。目前，拥有员工17500余人，其中技术、技能专家1300余人。涉及领域包括：航空发动机、燃气轮机、转包与民机、大型石化装备、机电产品、现代服务业等。

1954年3月，沈阳黎明发动机制造公司作为国内较早的航空发动机制造企业正式组建成立。2001年12月，沈阳黎明航空发动机（集团）有限公司（以下简称"沈阳黎明"）正式成立。沈阳黎明发动机制造公司作为新中国第一家航空涡轮喷气发动机制造企业，是国家航空发动机行业的典型代表，是为国防主力战机提供动力的旗舰型企业，曾接受毛泽东、邓小平等党和国家领导人的视察。沈阳黎明发动机制造公司自成立以来，始终承担着国家重点型号航空发动机研制生产任务，在历史上创造了多个第一：我国第一台航空涡轮喷气发动机、我国第一台地对地导弹液体火箭发动机、我国第一台具有完全自主知识产权的航改燃机、我国第一台具有完全自主知识产权的航空发动机、我国第一台具有完全自主知识产权的重型燃机。沈阳黎明发动机制造公司被誉为"航空涡轮喷气发动机的摇篮"。

沈阳黎明现在主要生产两种航空发动机，"太行"涡扇发动机、"昆仑"涡喷发动机。我国空军的新型战斗机中，歼-20、歼-16、歼-10系列都将全面换装"太行"发动机，"昆仑"发动机只是给歼-8F系列飞机到寿命的发动机换装用。除了"太行"和"昆仑"之外，央视还曾报道沈阳黎明生产专门为歼-20配套研制的"峨眉"发动机，目前"峨眉"发动机还处于试生产中，产量很低。

沈阳黎明立足于航空制造业，致力于形成一个以军品为核心、寓军于民的航空发动机、燃气轮机，国际业务和非航空产业为主体的大型企业集团。沈阳黎明的产品包括四大板块：一是航空产品批产板块；二是航空产品科研板块；三是国际业务板块，与通用电气能源公司、通用电气航空公司、罗罗公司、斯奈克玛公司、普惠公司、斯仑贝谢公司、意大利AVIO、美国哈立波顿等国际知名企业具有广泛深入合作；四是非航空产品板块，主要包括燃气轮机、小型发动机和增压器，以及黎明锦西化工机械（集团）有限公司生产的搅拌设备、压力容器、大型回转设备、透平机械，青岛黎明云路新能源科技公司生产的非晶带材、微波炉变压器、变频空调电抗器等产品。目前，R0110重型燃机并网发电运行，QD128燃气轮机走向市场、走出国门。

沈阳黎明拥有以航空发动机装配、试车技术、机匣精密数控加工技术、叶片无余量冷辊轧加工技术、特种焊接工艺技术、热喷涂表面处理技术等支撑的十余条专业化生产线。沈阳黎明大力加强开放式研发体系建设，相继建立国防科技工业精密铸造技术研究应用中心、黎明-北航共建试验基地表面工程中心、航空材料及热工业试验室等联合研发机构。

4.2.3 辽宁锐翔通用飞机制造有限公司

辽宁锐翔通用飞机制造有限公司（以下简称"锐翔通飞"）是由辽宁通用航空研究院注资成立的全资公司。锐翔通飞依托沈阳航空航天大学及辽宁通用航空研究院雄厚科研实力，并得到中航工业沈阳飞机设计研究所、沈阳飞机工业集团、中航工业气动院、中航工业复材研究院等生产科研单位的协助与支持，具有极强的气动设计、强度分析与结构设计能力，灵活掌握了高性能复合材料成型工艺。锐翔通飞致力于通用航空器、无人机及其零配件的研发、制造、销售和服务，目前已完成年产20架RX1E电动飞机的小批量生产线建设，现有3000米^{2}的制造装配车间、900米^{2}的模具制造车间，以及配套的工艺、生产设备，并可根据市场需求进一步扩大产能。锐翔通飞已通过AS9100C国际航空质量体系认证，2017年升版为AS9100D，2016年通过了国家高新技术企业认证。锐翔通飞主要产品"锐翔"双座轻型电动飞机RX1E和增程型双座电动飞机RX1E-A均已取得中国民用航空局颁发的型号设计批准（TC）和生产许可证（PC）。锐翔通飞主要产品RX1E双座电动飞机是国内和国际上首款取得TDA（型号设计证）和PC（生产许可证）的新能源轻型飞机，RX1E双座电动飞机操作简单科学，目前已经应用于飞行员培训、观光旅游、森林防火、私人飞行等方面。自锐翔通飞成立以来，已经先后多次参加国内外航展，取得了很大的反响，在国内外开创了新能源飞机的先河，处于国际领先地位。

4.2.4 沈阳兴华航空电器有限公司

航空工业沈阳兴华航空电器有限责任公司（原国营第一一七厂）（以下简称"航空工业兴华"）始建于1957年，是中国航空工业集团公司下属一家集科研、开发、制造和销售为一体的专业电器制造厂家。其主要产品有电连接器、自动保护开关、微特电机、线束产品等。产品广泛应用于航空、航天、船舶、兵器、核工业、电子、轨道交通、汽车、通信、机床、新能源、电力等领域。

1957年，该厂成功研制生产出新中国第一支国产军用电连接器。60多年来，航空工业兴华立足航空工业，为各新型军用飞机、民用飞机、新型导弹等研制生产配套产品，同时为精确制导炸弹、"两弹一星"、毛主席纪念堂、神舟系列载人飞船等研制配套产品，为我国国防工业的发展做出了重要贡献。

航空工业兴华依托电连接器、电机电器和电缆线束三大产业，确立了"三足鼎立"的业务发展战略。在电连接器方面，航空工业兴华研制生产国军标、美军标、俄军标、欧标、航标200多个系列30多万个品种电连接器，具有年产400万只电连接器的生产能力；研制生产的高温、滤波等特种电连接器达到国内领先水平。

在电机电器方面，航空工业兴华可研制生产微特电机、风机、自动保护开关、高压断路器液压操动机构、机载电器控制装置、动车用二次电源等六大类产品，产品主要包括WF-D05涡轮发电机、DG-201永磁无刷直流电动机、JZZ-6型自整角机和交直流轴流风机、ZKC系列应急开关、ZKP系列应急开关和KAF-1应急开关等。

在电缆线束方面，航空工业兴华具有研制生产航空发动机线束、轨道交通车端跨接电缆、速度温度传感器等三大类20多个系列产品，主要产品包括涡扇系列发动机电缆、涡轴系列发动机电缆、DQ23系列低压电缆、BZL系列总线电缆、TXY系列通信引线电缆、PJ系列地面电源电缆、1553B数据总线等。

航空工业兴华建立了国家实验室，被认定为航空重点型号工程电连接器可靠性筛选中心，设有院士工作站、博士后流动工作站，取得民航局颁发的中国民用航空适航证，被授予国家高新技术企业称号。

4.2.5　沈阳航天新光集团有限公司

沈阳航天新光集团有限公司（以下简称"航天新光"）隶属中国航天科工飞航技术研究院。航天新光1951年建厂，现有员工1600余人，各类专业技术人员近400人，总资产7亿元。作为国家五年计划156个重点建设项目之一，航天新光在多年的型号产品研发和生产中，军用产品从仿制到研制，从液体到固体，从战略到战术，生产航天动力装置20余种，成为新中国首个航空航天动力装置的科研生产基地。航天新光已经形成了军品配套、无人化智能装备、压力容器设计制造、先进制造技术等六大专业技术体系，构建了较为完备的军品配套、无人化智能装备、压力容器等三大主业，实现产业化、规模化发展。航天新光生产的长征系列运载火箭三子级发动机，在航天发射任务中成功率达百分之百，并实现了二次启动、一箭多星的发射运载功能，具备了神舟飞船关键技术之一的"连接分离机构"设计、生产、验证能力；成功研制出TF-1无人机和天象一号无人船，填补了气象探测、军事侦察及遥感两个领域的国内空白，形成了无人机、无人船等多系列、多种类的产品格局，在军民两个领域得到了较广泛的应用和发展。航天新光先后获得国防科技进步特等奖2项，获得省部级科技奖励50余项，专利160余项，先后有8种产品获国家质量银奖。航天新光先后产生了十余位省、部、院级专家及学术技术带头人，近20人享受国务院政府特殊津贴。

4.2.6　辽宁联合航空发展有限公司

辽宁联合航空发展有限公司（以下简称"辽宁联航"）是一家国有

联营企业,成立于2014年初,是由辽宁省投资集团(省国资委直属企业)、辽宁科发实业公司(辽宁省发展改革委直属企业)、沈阳市高新创业投资有限公司(沈北新区政府投资企业)、中航工业沈阳飞机工业(集团)有限公司共同投资组建的。辽宁联航定位为区域通航产业引领性创业和发展平台,以通用航空全产业链经营和飞机零部件制造产业化发展为核心业务,通过引导性投资、资本运作、产业要素和架构的合理建设,实现通用航空全产业链有序推进,协调、规模化发展。截至目前,辽宁联航已经先后参与投资组建了辽宁联航神燕飞机有限公司、辽宁联航投资管理有限公司、辽宁联航通用航空工程院有限公司、沈阳通航工程技术研究院有限公司、沈阳联航飞机制造技术公司。

辽宁联航参与投资组建的辽宁联航神燕飞机有限公司成功引进意大利Tecnam三款轻型飞机生产线,并取得在中国地区的独家销售和售后服务权利;辽宁联航通用航空工程院有限公司主要开展通用飞机设计研制、部件装配、航空双创示范基地、航空生产性服务平台等;辽宁联航投资管理有限公司开展通用飞机租赁、零部件加工项目投资。

辽宁联航发展目标是:在辽宁省建设国内领先的通用航空产业聚集区、运行示范区,成为在建设高质量、成规模、有影响力的航空制造业集群中不可或缺的服务平台组织。

4.2.7 辽宁壮龙无人机科技有限公司

辽宁壮龙无人机科技有限公司(以下简称"壮龙科技")自2010年起组建研发团队进行无人机基础技术研发,2015年正式成立公司,聚集国内著名航空院校及科研院所的优秀人才。其中,国家高层次人才特聘专家2人,教授2人,博士、硕士共10人,并邀请多名国内顶尖飞机设计专家参与,共同打造一支素质高、业务精的自主研发团队,所研发的壮龙系列无人机拥有完全自主知识产权和30余项技术专利。壮龙科技致力于工业级无人机整机及飞行控制系统的技术研发,并为客户提供无人机系统应用整体解决方案。为适应多种行业应用需求,壮龙科技推出多款不同载重和续航时间的飞行平台,可根据不同行业及客户需求进行产品定制。其中，农林植保行业产品"大壮"（CT310）已实现量产，在新疆、黑龙江、内蒙古等区域投入使用；物流运输行业产品"邮易"（JW100）已与京东物流签订合作协议，共同开发物流机型以开拓村镇物流市场。壮龙科技是国内乃至世界第一家，也是唯一一家研发并生产出油动直驱多旋翼无人机的企业。目前，壮龙技术处于世界领先水平，特别是载重和续航等方面，达到了载重60千克，航时可维持4小时的水平，在效率和作业成本方面都取得重大突破，在行业内首屈一指。壮龙科技自主研发的油动直驱多旋翼无人机，以"大载重、长航时、高安全、易操控"为优势特点，壮龙科技目前拥有国际领先技术的多发油动多旋翼无人机技术解决方案，可广泛应用于农林植保（如图4.4）、物流运输、航拍航摄、架线巡线、护林防火、遥感测绘、缉毒缉私、国防军事、环保监测等诸多领域，开创了国内重载长航时多旋翼无人机时代新纪元。

图4.4　辽宁壮龙DZ310无人植保机

4.2.8　沈阳空管技术开发有限公司

沈阳空管技术开发有限公司是民航东北空管局重点科研单位，全国高新技术企业，欧洲民用航空设备组织成员。沈阳空管技术开发有限公司拥有民航局专家库专家2人，教授级高级工程师1人，高级工程师6人，主要从事民航空管领域国产设备研发、生产及推广，涉及语音交换与传输、场监雷达、通用航空指挥服务、民航广域信息管理（SWIM）、语音通信（VoIP）及管制移交（AIDC）等多项产品。沈阳空管技术开发有限公司现已形成以AT-VCS0422数字内话系统、Delta 400空管多业务接入平台为核心的三大类,涉及23项自主知识产权科研产品。拥有国内外160多家用户单位,涵盖了大中小型民用机场、空管系统、航空公司,以及军航、武警、中航工业等。沈阳空管技术开发有限公司现已成为国产空管内话设备知名研产企业,内话设备在新建机场的市场占有率达90%。最新科研产品飞行服务云平台已试运行,未来将在通用机场全面应用。沈阳空管技术开发有限公司先后承担国家级和民航局科研项目12项;取得发明专利13项,计算机软件著作权36项;获国家科技进步二等奖1项,民航科技进步一等奖2项,中国智能交通协会科学技术二等奖1项。

4.2.9　沈阳中体轻型飞机有限公司

沈阳中体轻型飞机有限公司(以下简称"沈阳中体")成立于1994年10月,主营行业为制造业,涉及轻型航空器研究、设计、试验、鉴定;轻型航空器、海鸥HUI、海燕650设计、生产、维修;轻型航空器零部件、航空器配套设备及地面设备生产、制造、改装、维修;航空模型及健身器材制作;航空器租赁;金属制品加工、制作。该公司生产的海燕650C系列轻型飞机,是四座上单翼机。按照中国民用航空规章CCAR23部正常类进行适航规定,它是农林喷洒农药、空中巡视、航空测量、航空勘探、航空摄影、旅游飞行、广告飞行、驾驶培训和体育娱乐飞行的理想用机。除原型HU2C(海燕650C)陆上型飞机外,先后开发了HU2CS水上型和HU2CQ雪上型飞机,满足广大用户的广泛需要,飞机具有较大的滑翔比。发动机在空中停车时,可做滑翔飞行,具有良好的安全性和经济性。该飞机和前型机海燕650B已在我国广泛应用,多年来获得用户的信任和好评。动力装置选用奥地利生产的Rotax 914F2发动机,驱动二叶定距木质螺旋桨,飞机配置常规飞行仪表和发动机仪表,还可选装无线电台、农药喷洒设备等。

4.2.10　锦州市华兴航空器材有限公司

锦州市华兴航空器材有限公司(以下简称"华兴航材")成立于

2001年元月。华兴航材专门从事飞机客舱内装饰件生产，拥有职工102人，其中工程技术人员21人。华兴航材加工设备先进，工艺装备精良，检测手段完善，拥有先进的注射、吸塑、挤出、数控、冲压、聚氨酯成形、金属成形等机械设备，经营范围有航空器材、塑料制品制造、电气设备制造、飞机部件维修、飞机部件生产、维修技术咨询、技术服务等。华兴航材先后取得了民航局颁发的零部件制造人批准书（PMA0019）、技术标准规定项目批准书（CTSOA 0117-DB）、重要改装设计批准书（MDA 256-DB），完全依据《民用航空产品和零部件合格审定规定》（CCAR-21-R4）和《质量管理体系 要求》（GB/T 19001—2008），建立了适合现代化科学发展和高度竞争能力的经营管理体系、先进的工艺过程、严格的适航管理程序和质量保证体系。华兴航材与国内外多家企业建立了长期的合作和供应关系，其中包括中国国际航空股份有限公司、中国东方航空股份有限公司、香港国泰航空有限公司等国内知名航空企业。

4.2.11 九成通用飞机设计制造（大连）有限公司

九成通用飞机设计制造（大连）有限公司（以下简称"九成通飞"）是一家主营通用飞机设计研发、适航取证和试验论证等业务的创新型企业。其主要从事通用飞机技术研发、通用飞机制造技术开发、设计、销售、技术服务，货物进出口，技术进出口，国内一般贸易。九成通飞技术团队现有近50人，技术人员均来自中航工业、空军、航空院校及相关单位。目前，九成通飞正与中航工业哈飞设计所、哈尔滨空气动力研究所、民航科学技术研究院适航所、民航管理干部学院适航系、大连理工大学航空航天学院、南京航空航天大学进行深度合作，实现产学研共同发展。

4.2.12 辽宁心飞翔无人机航空科技有限公司

辽宁心飞翔无人机航空科技有限公司（以下简称"心飞翔科技"）

成立于2017年，位于辽宁省盘锦市高新技术产业园区内。心飞翔科技致力于消费级、工业级无人机的应用研发、组装生产、销售、服务及无人机驾驶员培训，产品包括多旋翼无人机、电动固定翼无人机、植保无人机等多种机型，为无人机行业客户提供专业的无人机系统、技术服务，培训及行业应用。心飞翔科技技术与产品已广泛应用于石油石化、电力、公安、武警、消防、海监、林业、农业、应急、测绘，水利，环保等众多领域。产品应用技术国内领先，特别是油田无人机巡检系统（油气管道巡线，采油巡井，巡岛，采油平台）技术方案。XFX-DA无人机系统提供直接面对客户根本需求的解决方案，深度服务于行业客户的治安、护油、防恐、应急、巡检等领域，具有巡检速度快、信息反馈及时等优势，目前已在油田巡检、电网巡检、治安巡逻等领域实现了常态化、规模化运营，获得了行业客户的高度认可。通过搭建地面基础网络设施，可实现对广域范围内的飞行状态、实时图像、管控指令、协调部署的统一管控，满足油田、交通、警用、救灾等领域的深层次需求。

4.2.13 辽宁华翼无人机科技有限公司

辽宁华翼无人机科技有限公司（以下简称"华翼科技"）位于辽宁省阜新市经济技术开发区，是一家以技术创新为导向，集专业研发，生产，销售为一体的无人机企业，是拥有超智能的无人机飞控系统、高端影视航拍云台、高清图传的开发商及小型无人机应用的系统集成企业。华翼科技拥有自己的研发团队，并与高校进行深度的技术合作，在无人机设计研发及航测业务方面取得了较好的成绩。华翼科技针对市场不同需求，采用多旋翼无人机和固定翼无人机相互结合，该技术广泛应用于国家生态环境保护、航空摄影测绘、矿产资源勘探、水利工程、灾情监视、交通巡逻、电力巡线、治安监控、应急减灾、城镇规划、农药喷洒等诸多领域。

4.2.14　辽宁凯博通用航空器股份有限公司

辽宁凯博通用航空器股份有限公司（以下简称"凯博航空器"）组建于2011年，公司规模50人。凯博航空器机场在辽宁省营口市，生产基地建在大连经济技术开发区。凯博航空器主营业务主要有通用航空器零部件的研发制造、销售维修，通用航空器及零部件的进出口，航空产业基地、通航机场及通航公司人员培训、通航作业等。凯博航空器始终致力于引进国外先进的生产技术，2015年6月，凯博航空器收购了美国小熊公司Top Cub型号的全部知识产权。

2016年1月，凯博航空器出资建立小熊（中国）飞机制造有限公司，专注于通用航空器的生产制造商，业务范围包括通用航空器及零部件的研发、制造、销售和维修、技术咨询和服务，通用航空器及零部件进出口、国内一般贸易等。

小熊（中国）飞机制造有限公司是国内市场上为数不多的小型越野飞机的制造商，目前主要生产CC18-180小熊越野飞机。该机型性能卓越，具有超过453.6千克的有效载荷，可供飞行训练、航拍测绘、森林巡防、航空物流、农业喷洒以及私人飞行使用。该机型可以在复杂地形起飞及降落，也可装备水陆两用的浮筒在水面起飞和降落，相比于其他航空器更加简单、耐用。

4.2.15　联拓国际宇航服务（沈阳）有限公司

联拓国际宇航服务（沈阳）有限公司，公司规模20人，主要从事飞机零部件生产、民用飞机零部件制造、飞机维修及咨询服务、飞机清洁、飞机保洁服务。

4.2.16　沈阳航天新乐有限公司

沈阳航天新乐有限责任公司经营范围为航天产品的开发、研制、生产;航天试验专用设备制造、维修,机械设备制造;计算机软件开发;仪器仪表生产、修理;理化检测、技术咨询;航空航天科学技术研究服务。

4.2.17 沈阳国泰飞机制造有限公司

沈阳国泰飞机制造有限公司(以下简称"国泰飞机制造")成立于2005年初,注册资金800万元。国泰飞机制造以航空零部件制造为核心,专业从事国际国内飞机零部件转包生产等业务,是一家具有先进制造技术及高成长潜力的高新技术企业。国泰飞机制造拥有从事航空制造业的员工40多人,其中本科以上学历占30%。

为了早日进军国际民机市场,国泰飞机制造于2007年投巨资建立了与世界接轨的特种工艺生产线(包含无损检测生产线、阳极化生产线、喷漆生产线、喷丸生产线、铝合金热处理及配套实验室)、钣金生产线和装配生产线,已经具备了承接国外一流民用飞机部件的制造能力。目前,国泰飞机制造所有的特种工艺生产线已经全部通过NADCAP认证。国泰飞机制造与意大利阿莱尼亚公司ATR42/72飞机登机门及服务门项目的签约,标志着国泰飞机制造在国际航空转包生产领域迈出了关键性一步。

4.3 辽宁省通用航空运营与服务

4.3.1 辽宁省通用航空运营业

4.3.1.1 辽宁省通用航空载人飞机飞行作业总体状况

1)载人飞机飞行作业总体状况

通用航空运营包括使用航空器从事各项工农业作业、商务飞行、个人休闲娱乐、体育文化以及应急救援飞行等企业运作与经营活动;飞行服务保障包括通用航空机场、飞机维护与修理、油料储运、航材储备与供应、航务服务、导航设施与空管指挥等。

2020年，辽宁省通用航空企业总数为22家，分布于沈阳的11家分别为泰达、众翔、天翔、奥斯特、亿家、通飞、锐翔、鹏飞、中一、沈阳通航、东北通航；铁岭1家（锐扬）；鞍山3家，分别为辽河、雏鹰、世达；锦州1家（龙宇）；葫芦岛1家（天翼）；盘锦1家（跃龙）；大连4家，分别为大连通航、汉华、欧亚、子午线。辽宁省通用航空器在册总数107架，在用的90架，固定翼84架，直升机15架。专业人员总数255人，其中飞行员133人，机务110人，管理24人。

总体来看，传统的工、农、林作业（航空喷洒、空中巡查、航空护林、航空摄影等）所占比重仍然较大，发挥着骨干作用。在新兴运营领域的空中游览、医疗救护等所占比重较小，参与的企业较少，包机飞行作业近年来发展较快，空中游览作业有辽宁锐翔通用航空有限公司、辽宁通飞通用航空有限公司、亿家通用航空有限公司三家公司参与。未来通过政策的引导和人们消费理念的转变，在新兴运营领域作业的时间和参与的公司数量将会有所增加。

近年来，辽宁省飞行业务具体增长为：空中喷洒作业方面从2015年的2757.90小时增加为2018年的3074.5小时，2020年为3514.25小时；航空护林作业时间2015年为819.40小时，2018年为1192.54小时，2020年为1966.48小时；2015—2017年航空摄影的作业时间相对平稳，在750小时左右，但2018年下降幅度较大，仅为427.10小时，2020年恢复性增长为910.11小时；2015—2018年空中拍照时间呈逐年下降的趋势，四年中分别完成的时间为124.4、66.22、11.2和0小时，2018年以来，空中拍照始终处于作业为0小时的状态；飞行培训作业情况，2015年为418.90小时，2016年仅为60.20小时，2018年达到348.73小时，2020年猛增到1210.63小时；2015—2016年包机作业时间从0小时增加到4621.20小时，但2017年之后有所下降，2020年为3108.36小时；2015—2018年空中巡查作业时间分别为0、64.93、36.35和296.95小时；2015—2018年空中游览时间，2015年为49.60小时，2016年为91.88小时，2018年为96.94小时，2019年猛增为227.42小时，受疫情影响，2020年仅为65.79小时；空中广告、跳伞服务飞行量在30小时以下；在人工降雨、航空探矿、科学实验、海洋监测、气象探测、医疗救护、石油服务、电力作业、城市消防等领域的作业时间为0小时。见表4.3。

表4.3 辽宁省通用航空作业总量及主要作业领域情况　　单位：飞行小时

年份	作业总量	航空喷洒	航空护林	航空摄影	飞行培训	包机作业	空中游览
2015	9707.90	2757.90	819.40	723.00	418.90	0	49.60
2016	11260.77	2508.57	976.85	795.96	60.20	4621.20	91.88
2017	10980.70	2941.76	1142.77	738.08	392.37	3758.34	87.60
2018	10857.75	3074.50	1192.54	427.10	348.73	3210.24	96.94
2019	13350.47	3401.65	1206.39	811.63	470.55	2763.29	227.42
2020	17645.54	3514.25	1966.48	910.11	1210.63	3108.36	65.79

2）辽宁省通用航空运营公司的人才状况

通过对10家公司的调研发现，各公司拥有飞行员数量不均衡，中一太客商务航空有限公司拥有飞行员的数量较多，其次为东北通用航空有限公司和汉华公务机航空有限公司，而辽宁鹏飞通用航空有限公司和亿家通用航空有限公司较少（见表4.4）。2015—2018年，2016年飞行员数量最多为122人，但2018年下降幅度较大，仅为98人，低于2015年的人数。

表4.4　2015—2018年辽宁省通用航空公司的飞行员情况

通用航空公司名称	年份			
	2015	2016	2017	2018
中一太客商务航空有限公司	37	42	42	34
东北通用航空有限公司	15	17	15	14
汉华公务机航空有限公司	14	11	11	8
辽宁鹏飞通用航空有限公司	3	4	4	2
辽宁锐翔通用航空有限公司	9	13	14	14
盘锦跃龙通用航空有限公司	7	6	9	9

表4.4（续）

通用航空公司名称	年份			
	2015	2016	2017	2018
辽宁世达通用航空股份有限公司	8	10	11	7
沈阳通用航空有限公司	0	7	7	4
辽宁通飞通用航空有限公司	7	10	5	4
亿家通用航空有限公司	3	2	2	2
飞行员总数	103	122	120	98

辽宁通用专业人员数包括飞行员、机务和航务。通过调研发现，专业人数方面，中一太客商务航空有限公司、东北通用航空有限公司和汉华公务机航空有限公司占比较大，辽宁鹏飞通用航空有限公司和亿家通用航空有限公司占比较小（见表4.5）。2015—2018年，2016年专业人员数最多，达到282人，2015、2017和2018年专业人员数量变化不大。

表4.5　2015—2018年辽宁省通用航空公司的专业人员情况

通用航空公司名称	年份			
	2015	2016	2017	2018
中一太客商务航空有限公司	85	94	42	59
东北通用航空有限公司	24	29	27	25
汉华公务机航空有限公司	30	27	27	25
辽宁鹏飞通用航空有限公司	6	11	11	7
辽宁锐翔通用航空有限公司	14	27	27	28
盘锦跃龙通用航空有限公司	12	12	15	13
辽宁世达通用航空股份有限公司	15	28	19	14
沈阳通用航空有限公司	11	20	19	10
辽宁通飞通用航空有限公司	10	22	12	13
亿家通用航空有限公司	5	12	11	7
专业人员总数	212	282	210	201

3）辽宁通用航空运营公司航空器状况

在航空器数量方面，中一太客商务航空有限公司、东北通用航空有限公司、沈阳通用航空有限公司和辽宁通飞通用航空有限公司优势较大，而汉华公务机航空有限公司和亿家通用航空有限公司的航空器数量较少。从2015—2018年航空器总量来看，呈现出逐年上升的趋势，从2015年的57架上涨到2018年的73架。见表4.6。

表4.6　2015—2018年辽宁省通用航空公司航空器数量情况

通用航空公司名称	年份			
	2015	2016	2017	2018
中一太客商务航空有限公司	11	11	11	13
东北通用航空有限公司	10	12	11	10
汉华公务机航空有限公司	2	2	2	2
辽宁鹏飞通用航空有限公司	3	3	3	3
辽宁锐翔通用航空有限公司	4	5	7	12
盘锦跃龙通用航空有限公司	6	6	7	7
辽宁世达通用航空股份有限公司	6	6	6	6
沈阳通用航空有限公司	8	8	8	8
辽宁通飞通用航空有限公司	5	9	9	10
亿家通用航空有限公司	2	2	2	2
航空器总数	57	64	66	73

4）典型通用航空运营公司状况

（1）中一太客商务航空有限公司。

中一太客商务航空有限公司（以下简称"中一航空"）成立于2005年，是由中一集团全资拥有的民营公务机公司，是国内第一家全资民营公务机公司。中一航空拥有135部、91部、145部和欧洲航空安全局颁发的第三方国运营人授权，具有从事国内外运行的资质。目前，中一航空自有及托管的公务机已达30余架，其中包括湾流宇航生产的G650 ER、G650、G550、G280等主流机型，庞巴迪宇航生产的环球7500、环球

6000、环球5000等环球系列，挑战者全系列机型，以及空客公司生产的A318 Elite（精英型）公务机等，能够提供极具针对性的公务机包机及托管服务，满足客户多样化、个性化需求。目前，中一航空的飞行轨迹已遍布全球400个机场，运行区域覆盖亚洲、欧洲、非洲、大洋洲及南北美洲。2021年1月，中一航空作为北京大兴国际机场全球首家公务机运营公司荣耀首航，开创了中国公务机发展的新纪元。近年来，随着业务的飞速发展，中一航空产业链不断延伸，已拥有汇集公务包机、托管、维修定检、地面保障、购机咨询、飞机引进、报关、航材进出口、机库存放为一体的完整产业链条，能够提供全方位的高品质公务机服务。

中一航空拥有世界级维修基地，不断投入加强高级别的维修和定检能力建设，独立开展多型、多级别公务机定检、发动机航线维护、APU更换、起落架更换、称重、孔探等一系列复杂的维修工作项目。中一航空多项维修定检业务全国领先，为自有机队和多家航空公司提供维修支持。2021年4月，中一航空顺利通过百慕大群岛维修管理审核，成功获得百慕大民航局（BCAA）颁发的维修许可证，可对百慕大群岛注册的航空器提供专业的持续适航维修服务。中一航空除了在沈阳设立运营和维修基地外，积极向华北、华东、中南和西南地区拓展市场，已在北京、广州、香港成立分公司；在上海、深圳、成都、天津、石家庄、长春等地设立办事处及过夜基地。2020年，中一航空正式与海南省海口市江东新区签订战略合作协议，成立海口投资公司，并于2021年正式设立海口分公司，标志着公司的业务拓展深入到海南自贸区。

（2）盘锦跃龙通用航空有限公司。

盘锦跃龙通用航空有限公司成立于2013年，位于中国辽宁省盘锦市陈家机场，注册资本1434万元，是经民航局批准的乙类通用航空企业。目前有在职员工50余人，管理人员、飞行员、机务、航务皆来自民航、空军，其中飞行员10人，资深飞行教员4人，机务人员15人，航务人员6人。维修团队拥有多年维修经验，工厂的高级工程师均接受过澳大利亚Jabiru工厂的专业培训。

盘锦跃龙通用航空有限公司是东北第一家获得运动类飞行执照培训机构，主要面向各测绘公司、农场、飞行俱乐部等企事业单位，提供航空摄影、航空护林,农林喷洒、气象探测、空中广告、飞机播种、航空拍照、航空运动表演飞行、个人娱乐飞行、航空体验飞行等业务。盘锦跃龙通用航空有限公司在2014年取得了运动类驾驶执照培训资质,成为东北第一家运动类执照培训机构,可提供运动类飞行执照培训及学前飞行体验活动。

(3) 辽宁锐翔通用航空有限公司。

辽宁锐翔通用航空有限公司(以下简称"锐翔通航")拥有PA44、DA40、C42、J-160、海燕650B、RX-1E等通用飞机12架。锐翔通航在创新、科研、科技成果转化和整体服务方面有较强的能力,在本行业中具有重要影响和引领、示范作用。

锐翔通航主营业务范围广泛,具体包括:飞行员培训。培养依托辽宁通用航空研究院及沈阳航空航天大学师资力量和科研团队,具备产学研一体和生源优势(沈阳航空航天大学飞行技术专业),有力推进航空运动驾驶员培训、私商照正常类培训、无人机驾驶员培训,建立141部培训机构,全面、全力、多方位、多角度培养飞行员;航空文娱运动。以航空运动为本,与多业态创新模式并行,综合航空文娱生活,联合通用航空科研成果,引领多产业联动"1+N"模式,打造"水陆空"一体的航空主题娱乐园;航空作业,大力探索科技与农业结合之路。锐翔通航应时代之需,现已将航空作业广泛应用于农业、林业、牧业生产中;无人机、有人机双重发力,为社会所用,为通用而用。锐翔通航运用"通用航空+多业态融合发展"的经营模式,推动通航作业开展空中巡查、环境保护、航空护林助农、航拍、资源勘测、搜巡救援等通航飞行作业等公共服务项目,根据相关行业需求,为工业、公安、交通、文化、教育、卫计生、体育、国土、农业、林业、牧业、渔业、港航、消防等提供服务,打造一站式通用航空作业高效服务模式,助力通航产业发展。

锐翔通航立足于区域市场开拓,着眼于全国布局,努力开创全国联盟式发展运营模式。锐翔通航拟在全国各地建立联盟式培训分支机构几十个,具体方式是将以锐翔通航为主体进行投资运营,联合沈阳航空航天大学、辽宁通用航空研究院等航空工业领域的知名单位提供由管理人员、飞行人员、机务人员组成的成熟运行团队和技术保障,以自主知识产权为核心优势及资本,与所提供资金、场地、基础设施的各地方资本合资成立独立公司。目前,山东日照锐翔通航公司已经正式运营,锐翔通航已经在山东枣庄、河北石家庄、内蒙古呼和浩特等地建立了独立的子公司,初步形成集团化发展态势,同时与全国多地已达成初步合作意向,全国布局正紧锣密鼓加以开展。锐翔通航准备打造"百场千架四统一"的"锐翔式"合伙人,即"锐翔计划",与政府和企业合作,建立一百座通航机场。每个机场即每个联合成立的公司,锐翔通航为其提供10架通用航空飞机。全国各个分公司、各个通用机场,配备统一标准的机务人员及维修人员,使用统一的通用航空飞机机型,制定并遵循全国统一的飞行标准,提供统一标准下的服务。

(4)辽宁通用航空发展有限公司。

辽宁通用航空发展有限公司(以下简称"辽宁通航")是辽宁通用航空研究院和沈阳航空航天大学共同出资组建而成的,注册资金1000万元,拥有强大的科技研发力量和资金后盾。在辽宁省先后完成了多项科研及规划项目,项目涉及公司收购、产业项目规划、新机型研制及试飞、国外航空器采购、组建航校、赞助航空运动赛事、组织参加全国性航展及论坛、建设中国通用航空网、筹建辽宁省航空运动科普基地、成立航大飞行队、赞助宇航协会等。

辽宁通航的经营范围包括通用航空产业投资、通用航空空港规划及建设、航空产业配套管理及产业相关咨询服务、航空展览展示服务、航空人才培训、智力成果转让、行业会展服务、通用航空项目策划、通用航空飞行器研发及成果转让、各类航空设备器材代理经销等。

辽宁通航致力于工业级无人机整机系统的技术研发,并为客户提供无人机系统行业应用整体解决方案。为适应多种行业应用需求,可根据不同行业及客户需求进行产品定制。承担过生态环境部、国家测绘局、部队等的无人机航测飞行任务,参与过央视、辽宁卫视"国庆鸭绿江航拍""锦州世园会开幕式航拍""空中看辽宁""花开辽宁"等航拍任务,为辽宁省环保厅、辽宁省消防总队、中测新图(北京)遥感技术有限责任公司等多家企事业单位开展无人机系统的合作应用,配合国家测绘局执行过钓鱼岛测绘,为公安部"湄公河105案件"专案组抓捕糯康执行无人机侦察行动等，团队成员具有丰富的无人机实用经验。辽宁通航是东北地区最早获得中国航空器拥有者及驾驶员协会（AOPA）关于无人驾驶航空器系统驾驶员训练机构认证资格的公司，培训机型涵盖固定翼、多旋翼及直升机系列无人机等十余种机型，是目前东北区域培养无人机操作人员最权威的培训基地之一。无人驾驶航空器系统驾驶员培训班已开办10期，培训学员共计109人，培养的无人机驾驶员已在环保、公安、消防、林业、电力系统、农业植保等领域开展工作。

（5）辽宁天丰航空产业发展有限公司。

辽宁天丰航空产业发展有限公司（以下简称"天丰航空"）是在原沈阳市蜂鸟航空俱乐部有限公司的基础上，对旗下高度相关的业务板块进行了重新整合并注入了国内稀缺的优势资源，于2014年投资注册的一家通航企业，注册资本2000万元，是沈阳市政府重点支持的通用航空企业，也是辽宁省航协副理事长单位。

天丰航空经营范围包括航空运输投资、与航空运输相关的延伸服务的投资、航空维修的投资与管理、飞机托管服务的投资与管理、飞机代理销售、飞机租赁、飞机销售、航空产业及飞行员培训、机场及与机场相关配套设施的投资与管理、旅游项目开发与投资管理、通用航空机场建设咨询服务、机场运营管理服务、低空飞行监控管理系统服务和机场租赁等。

目前天丰航空下辖2座通用航空机场，未来计划在东北区域（包含内蒙古东四盟）托管约20座通用航空机场，使直升机场和固定翼飞机的起降飞行形成网络化。天丰航空拥有国内顶尖级的FBO（固定基地运营商）、FSS（飞行服务站）优秀的管理团队，同时拥有民航业资深人士的加盟，以及386名俱乐部会员的参与支持，并且具有从事通用航空领域安全运营服务15年和管理通航机场10年以上的经验，通航运营业务更是遍布全国各地，常年为国内20余家通航公司提供地面保障服务。天丰航空具备MRO（维修，维护）服务支持能力，拥有（CCAR 91部甲类、CCAR 135部、CCAR 141部、CCAR 145部、CCAR 147部）运营资质，特别是航空培训共7项全资质，并积极推进6S级服务标准体系的建设。天丰航空代理销售中航直升机有限责任公司的多种型号直升机，主要产品

AC310

AC311

AC312

AC313

AC352

Y12

图 4.5 6 种直升机型号

有 AC310、AC311、AC312、AC313、AC352、Y12，如图 4.5 所示。天丰航空致力于在东北地区搭建一个开放的、市场化运作的通航服务和保障平台，成为区域级顶尖的通用航空产业运营服务综合服务商。

（6）辽宁经纬测绘规划建设股份有限公司。

辽宁经纬测绘规划建设股份有限公司（以下简称"经纬测绘"）是专注于测绘地理信息生产、地理信息系统软件研发、信息安全服务、信息系统集成等业务的高新技术企业。2016 年 8 月公司挂牌新三板（证券简称：经纬测绘；证券号码：838010）。经纬测绘专业从事航空摄影测量与遥感、工程测量、不动产测绘、海洋测绘、测绘地理信息系统工程、地图编制、互联网地图服务、土地规划、土地复垦、土地复垦整理规划设计、国土空间规划、无人机航摄,以及信息系统集成、信息安全服务等测绘地理信息产业。建立了较大规模的地理信息及电子地图数据库,开发了大量实用型计算机地理信息系统软件,为社会各界提供了全面、系统、优质的地理信息成果和技术保障。

经纬测绘是中国城市规划协会地下管网专业委员会委员单位,辽宁省测绘地理信息学会监事长单位,辽宁省测绘地理信息学会地图制图专业委员会落户单位,辽宁省软件产业校企联盟理事单位,东北大学信息科学与工程学院教学科研基地,辽宁工程技术大学测绘与地理科学研究生培训基地,沈阳建筑大学摄影测量培训基地。经纬测绘在行业内率先将无人机技术用于航空摄影测量,先后对辽河辽宁省流域、沈阳铁路局辖区铁路等进行航空摄影测量,在土地确权登记、不动产测绘等领域都发挥了重要作用。经纬测绘的无人机航摄技术多次获得辽宁省测绘科技进步奖。经纬测绘具有国家甲级测绘、计算机信息系统集成质、信息安全服务、软件企业资质、土地登记代理、土地规划、复垦整理和保密资质。

(7)中国民航大学朝阳飞行学院。

中国民航大学朝阳飞行学院(天津杰普逊国际飞行学院有限公司朝阳飞行训练基地)是中国民航大学所属的、具有独立法人资质的民航飞行员教育培训机构,主要面向国内运输航空公司开展飞行驾驶员执照培训,主要客户群涵盖中国国际航空、东方航空、天津航空、奥凯航空、邮政航空、河北航空、山东航空、厦门航空等20多家国内运输航空公司。

该学院位于辽宁省朝阳市双塔区,毗邻辽宁省朝阳机场,占地面积34.67公顷,一期建设累计投资6亿多元,于2009年开始面向我国运输航空公司培养飞行人才。学院教学条件一流,师资队伍力量雄厚。朝阳飞行学院拥有员工160余人,其中飞行教员70余人,航务20余人;天津杰普逊国际飞行学院拥有员工120余人,其中机务人员80余人。学院飞行培训业务在2015年之前呈现较为稳定的增长态势,2016—2017年出现下滑,2018年有所恢复,2019年培训飞行达38979小时。

学院经营范围包括私用或商用飞行驾驶执照培训,飞机维修技术咨询与服务,航空器代管,航空企业资产托管,机场、航空公司民用飞行安全及经营管理咨询、研发,住宿服务,航空会展服务,航空商务信息咨询,通用航空项目研发、受托管理,航空器材的经营等。

学院具有CCAR-145部维修资质、CCAR-91部运行资质,能够进行"钻石"D40和"钻石"D42、"国王"C90飞机维修和维修培训。目前,学院主要负责日常飞机维修等机务保障工作,也面向市场承接通航维修业务。

(8)辽宁通飞通用航空有限公司。

辽宁通飞通用航空有限公司(以下简称"通飞通航")是辽宁省通航民营企业中实力雄厚、规模较大的民营通用航空企业,注册资金2000万元。2013年,通飞通航投资2.3亿元,在辽宁省法库县建立占地1.3公顷的航空基地。通飞通航拥有3架泰克南飞机,其中两架为P2002 JF,一架为P2006 T;随后又购置4架"小鹰"500固定翼飞机,为通飞通航发展打下良好的基础。通飞通航现有人员30余人,其中业内知名、教学经验丰富的飞行教员8人,某空军部队退役专职教员1人,机务8人,航务等其他专项人才数人。

通飞通航业务包括:私用或商用飞行驾驶执照培训、使用限制类适航证的航空器从事私用飞行驾驶执照培训、个人娱乐飞行、空中游览、空中广告、航空器代管业务、空中巡查、航空护林、航空探矿、航空摄影。通飞通航的警航直升机空中巡查业务与辽宁省森林防火航空护林任务,具有重大的社会效应,得到了社会的广泛关注和认可。

(9)东北通用航空有限公司。

东北通用航空有限公司是一家私营企业,注册资金1005.3万元,现拥有运-5飞机、运-5B型飞机12架。经营业务范围涵盖农业化学除草、叶面施肥、喷施微量元素、防治病虫害、草原播种、航空护林、森林化学药剂灭火、空中照相、航测、人工增雨、广告宣传、抢险救灾等飞行服务。东北通用航空有限公司累计为黑龙江省垦区农化作业飞行300多万公顷;参加东北大、小兴安岭森林航空消防50多个防火期,出动飞机2000多架次,为内蒙古大兴安岭林管局执行森林资源调查100多万公顷;多次参加抢险救灾、防火宣传和禁毒宣传飞行,为政府提供城市规划、铁路和公路选线等航摄航拍飞行。

(10) 亿家通用航空有限公司。

亿家通用航空有限公司（以下简称"亿家通航"）隶属辽宁亿家商业集团有限公司。2012年9月，亿家通航于沈阳法库财湖机场筹建，注册资金5000万元，是辽宁省首个以直升机为载体的民营通用航空企业，现有 EC 130T2 型直升机2架。亿家通航经营业务范围为：空中游览、航空摄影、航空护林、空中拍照等一般商业飞行。2015年，亿家通航安排任务机组对海王九岛（大连）、海城城区上空（鞍山）进行了作业任务模拟试航；精选多机组，先后担负了第三届天津国际航空博览会、沈阳国际马拉松赛航拍和直播，大兴安岭地区航空护林飞行等大项通用航空任务。

(11) 辽宁壮龙无人机科技有限公司。

辽宁壮龙无人机科技有限公司（以下简称"辽宁壮龙"）不仅提供国际领先技术的无人机产品，还是一家综合性质的通航公司，主营业务涵盖无人机及零部件研发、生产、销售，航空科技推广、咨询、转让、交流服务，航空模型研发、加工、销售，无人机驾驶技术咨询，航空拍摄、航空测绘，航空农业、航空林业技术服务。其中，辽宁壮龙的"大壮"油动力无人机在农林植保领域业务拓展较快，覆盖黑龙江、吉林、辽宁、新疆、内蒙古等几个省、自治区，辽宁壮龙还增设无人机驾驶员培训业务，辽宁壮龙下设的壮龙飞行学院是 AOPA（中国航空器拥有者及驾驶员协会）审定合格的专业无人机驾驶员培养基地，拥有专业的教师队伍、先进的训练设备、良好的学习环境，为无人机行业输送人才的同时也收纳优秀无人机驾驶员，实现教学、就业一站式解决。

(12) 汉华公务机航空有限公司。

汉华公务机航空有限公司（以下简称"汉华公务机航空"）是由大连联合创业投资有限公司与大连良运集团有限责任公司共同率先组建的公务机航空企业，注册资本1.17亿元，于2012年6月正式投入商业运营。汉华公务机航空采用"庞巴迪挑战者"系列公务机作为主力机型，主营基地位于大连周水子国际机场，并建成了以北京为中心、覆盖全国的营销网络体系。汉华公务机航空业务范围包括包机、托管、地面代理、飞机销售、机身冠名、公务飞行、出租飞行、航空器代管业务、通用航空包机飞行、经济信息咨询服务、经营广告业务、航空机械零部件的销售、货物进出口、技术进出口和医疗救援等。

（13）大连欧亚直升机有限公司。

大连欧亚直升机有限公司位于大连市，注册资本为5000万元，主要经营医疗救护、商用驾驶员执照培训、空中游览、直升机机外载荷飞行、航空探矿、航空摄影、城市消防、空中巡查、私用驾驶员执照培训、航空护林、航空喷洒（撒）、空中拍照、空中广告、科学实验等项目。

（14）辽宁世达通用航空股份有限公司。

辽宁世达通用航空股份有限公司位于鞍山市，注册资本为2138.31万元，主要业务经营范围包括：航空摄影、空中广告、科学实验、空中巡查、飞机播种、空中施肥、空中喷洒植物生长调节剂、空中除草、防治农林业病虫害、草原灭鼠、防治卫生害虫、航空护林、空中拍照、航空运动表演飞行、通航机场的管理及服务。

（15）辽宁鹏飞通用航空有限公司。

辽宁鹏飞通用航空有限公司（以下简称"鹏飞通航"）注册资金1000万元。鹏飞通航主营业务有航空摄影、航空护林、空中广告、空中巡查、防治农林业病虫害、草原灭鼠、防治卫生害虫、空中照相等。

鹏飞通航每年有2架飞机固定参加春秋两季航空护林任务，每架飞机年护林飞行在110小时左右；每年有2架飞机固定参加北大荒农化作业任务；每年任务量在33333.3~46666.7公顷；每年执行航空摄影飞行作业约400小时。年总收入均在千万元以上，在东北通航企业中处于前列，发展前景良好。

（16）沈阳通用航空有限公司。

沈阳通用航空有限公司（以下简称"沈阳通航"）是一家国有控股企业，注册资本1300万元。沈阳通航业务范围有：航空摄影、跳伞飞行服务、航空护林、航空喷洒（撒）、农林化作业、空中拍照、空中广告。现拥有运-5飞机、运-5B型飞机8架。沈阳通航在同行业中起步较早，拥有飞机数量较多，影响较大。

（17）辽宁飞翔通用航空有限公司。

辽宁飞翔通用航空有限公司（以下简称"飞翔通航"）是一家民营

有限责任公司,飞翔通航注册资本为5000万元,位于辽宁省抚顺市。飞翔通航拥有多名具有多年飞行经验的航空专业人才和多年维修经验的维修团队,管理人员多来自民航、空军。飞翔通航提供飞机播种、空中施肥、空中喷洒植物生长调节剂、空中除草、防治农林业病虫害、草原灭鼠、航空护林、空中拍照、空中广告等业务。

(18)辽宁奥斯特通用航空有限公司。

辽宁奥斯特通用航空有限公司(以下简称"奥斯特通航"),注册资本为7000万元。奥斯特通航在发展过程中,始终为客户提供好的产品和技术支持、健全的售后服务。奥斯特通航主要经营机场地面综合服务;自营和代理各类商品和技术的进出口。现已购进一架EC130T2,以沈阳法库财湖机场为基地机场,从事空中游览、电力巡航、空中航空摄影、空中广告救援、驾驶员执照培训、航空器代管、空中巡查、航空探矿、静态展示、森林防火、航空护林等通用航空项目。

(19)大连通用航空有限公司。

大连通用航空有限公司(以下简称"大连通航")注册资本为1000万元。大连通航主要经营民航东北地区管理局许可的业务。经营范围有航空摄影、空中广告、海洋监测、渔业、飞行、气象探测、科学实验、城市消防、空中巡查等。

(20)飞行家(沈阳)航空俱乐部有限公司。

飞行家(沈阳)航空俱乐部有限公司,注册资本1000万元,以沈阳法库财湖机场为基地机场,使用C-42、XA42型飞机,从事航空运动表演飞行、个人娱乐飞行等通用航空项目。

(21)沈阳蜂鸟航空俱乐部有限公司。

沈阳蜂鸟航空俱乐部有限公司是一家航空俱乐部类有限责任公司,注册资本400万元,经营范围涵盖(航空俱乐部类)使用限制类适航证的航空器和轻于空气的航空器从事私用飞行驾驶执照培训、航空运动表演飞行、航空运动训练飞行,以及个人娱乐飞行等。

(22)辽宁辽河通用航空有限公司。

辽宁辽河通用航空有限公司位于鞍山市,注册资本为2000万元,主要经营通用航空、航空摄影、空中广告、科学实验、空中巡查、飞机播种、空中施肥、空中喷洒植物生长调节剂、空中除草、防治农林业病虫害、草原灭鼠、防治卫生害虫、航空护林、空中拍照、空中游览、航空运动表演飞行、跳伞飞行服务、通航机场的管理及服务。

(23) 锦州龙宇通用航空有限公司。

锦州龙宇通用航空有限公司位于重要的工业、港口城市锦州市，注册资本为1000万元，主要经营通用航空服务、技术开发、技术转让、技术咨询、技术服务，航空信息咨询，民用飞机及直升机销售、租赁，飞机零件、户外装备销售，飞机维护服务，飞行驾驶培训服务。

(24) 葫芦岛天翼通用航空有限公司。

葫芦岛天翼通用航空有限公司（以下简称"天翼通航"）成立于2017年，拥有欧洲直升机BO105、美国罗宾逊R44、美国Zenith CH-801、澳大利亚佳宝J-160等多种机型，并且拥有经验丰富、作风优良、专业技术强的机务人员、飞行员和管理团队。天翼通航主要运营空中游览、航空婚礼、商业飞行、航空摄影、空中广告、展览展示、海洋监测、渔业飞行、城市消防、空中巡查、电力作业、私用驾驶员执照培训、航空护林、航空喷洒（撒）。

综上，辽宁省通用航空运营业发展现状见表4.7。

表4.7 辽宁省通用航空运营公司状况

通用航空公司名称	运营范围	成果
中一太客商务航空有限公司	无人机租赁与运营	自有及托管的公务机已达30余架，中一航空的飞行轨迹已遍布全球400个机场，运行区域覆盖亚洲、欧洲、非洲、大洋洲及南北美洲。2021年1月，中一航空作为北京大兴国际机场全球首家公务机运营公司荣耀首航，开创了中国公务机发展的新纪元
盘锦跃龙通用航空有限公司	提供航空摄影、航空护林，农林喷洒、气象探测、空中广告、飞机播种、航空拍照、航空运动表演飞行、个人娱乐飞行、航空体验飞行等业务	在2014年取得了运动类驾驶执照培训资质，成为东北第一家运动类执照培训机构

表4.7（续）

通用航空公司名称	运营范围	成果
辽宁锐翔通用航空有限公司	飞行员培训、航空文娱活动、航空作业、通用航空及多业态融合发展	拥有 PA44、DA40、C42、J-160、海燕650B、RX-1E机型，建立141部培训机构
辽宁通用航空发展有限公司	通用航空产业投资、通用航空空港规划及建设、航空产业配套管理及产业相关咨询服务、航空展览展示服务、航空人才培训、智力成果转让、行业会展服务、通用航空项目策划、通用航空飞行器研发及成果转让、各类航空设备器材代理经销等	承担过生态环境部、国家测绘局、部队等的无人机航测飞行任务，参与过央视、辽宁卫视航拍任务，无人驾驶航空器系统驾驶员培训班已开办10期
辽宁天丰航空产业发展有限公司	航空运输投资、与航空运输相关的延伸服务的投资、航空维修的投资与管理、飞机托管服务的投资与管理、飞机代理销售、飞机租赁、飞机销售、航空产业及飞行员培训、机场及与机场相关配套设施的投资与管理、旅游项目开发与投资管理、通用航空机场建设咨询服务、机场运营管理服务、低空飞行监控管理系统服务和机场租赁等	具备MRO（维修，维护）服务支持能力，拥有（CCAR 91部甲类，CCAR 135部，CCAR 141部，CCAR 145部，CCAR 147部）运营资质，航空培训共7项全资质
辽宁经纬测绘规划建设股份有限公司	测绘地理信息生产、地理信息系统软件研发、信息安全服务、信息系统集成等服务	率先将无人机技术用于航空摄影测量，先后对河河辽宁省流域，沈阳铁路局辖区铁路等进行航空摄影测量
天津杰普逊国际飞行学院有限公司朝阳飞行训练基地	面向国内运输航空公司开展飞行驾驶员执照培训	主要客户群涵盖中国国际航空、东方航空、天津航空、奥凯航空、邮政航空、河北航空、山东航空、厦门航空等20多家国内运输航空公司
辽宁通飞通用航空有限公司	飞行培训、飞行作业、飞行俱乐部及航空器代管	警航直升机空中巡查业务与辽宁省森林防火航空护林任务，具有重大的社会效应

表4.7（续）

通用航空公司名称	运营范围	成果
东北通用航空有限公司	农业化学除草、叶面施肥、喷施微量元素、防治病虫害、草原播种、航空护林、森林化学药剂灭火、空中照相、航测、人工增雨、广告宣传、抢险救灾等	拥有运-5飞机、运-5B型飞机12架，为黑龙江省垦区农化作业飞行300多万公顷，多次参加抢险救灾、防火宣传和禁毒宣传飞行，为政府提供城市规划、铁路和公路选线等航摄航拍飞行
亿家通用航空有限公司	空中游览、航空摄影、航空护林、空中拍照等	精选多机组，先后担负了第三届天津国际航空博览会、沈阳国际马拉松赛航拍和直播，大兴安岭地区航空护林飞行等大项通用航空任务
辽宁壮龙无人机科技有限公司	无人机及零部件研发、生产、销售，航空科技推广、咨询、转让、交流服务，航空模型研发、加工、销售，无人机驾驶技术咨询，航空拍摄，航空测绘，航空农业，航空林业技术服务，会议、展览服务等	为无人机行业输送人才，致力于工业级无人机整机及飞行控制系统的技术研发
汉华公务机航空有限公司	包机、托管、地面代理、飞机销售、机身冠名、公务飞行、出租飞行、航空器代管业务、通用航空包机飞行、经济信息咨询服务、经营广告业务、航空机械零部件的销售、货物进出口、技术进出口和医疗救援等	采用"庞巴迪挑战者"系列公务机作为主力机型，主营基地位于大连周水子国际机场，并建成了以北京为中心、覆盖全国的营销网络体系
大连欧亚直升机有限公司	医疗救护、商用驾驶员执照培训、空中游览、直升机外载荷飞行、航空探矿、航空摄影、城市消防、空中巡查、私用驾驶员执照培训、航空护林、航空喷洒（撒）、空中拍照、空中广告、科学实验等项目	多次参与航空护林、航空喷洒（撒）任务
辽宁世达通用航空股份有限公司	航空摄影、空中广告、科学实验、空中巡查、飞机播种、空中施肥、空中喷洒植物生长调节剂、空中除草、防治农林业病虫害、草原灭鼠、防治卫生害虫、航空护林、空中拍照、航空运动表演飞行、通航机场的管理及服务	多次参与航空护林等任务

表4.7（续）

通用航空公司名称	运营范围	成果
辽宁鹏飞通用航空有限公司	航空摄影、航空护林、空中广告、空中巡查、防治农林业病虫害、草原灭鼠、防治卫生害虫、空中照相	每年有2架飞机固定参加春秋两季航空护林任务，每架飞机年护林飞行在110小时左右；每年有2架飞机固定参加北大荒农化作业任务；每年任务量在33333.3~46666.7公顷；每年执行航空摄影飞行作业约400小时
沈阳通用航空有限公司	航空摄影、跳伞飞行服务、航空护林、航空喷洒（撒）、农林化作业、空中拍照、空中广告	拥有运-5飞机、运-5B型飞机8架
辽宁飞翔通用航空有限公司	飞机播种、空中施肥、空中喷洒植物生长调节剂、空中除草、防治农林业病虫害、草原灭鼠、航空护林、空中拍照、空中广告等业务	拥有多名具有多年飞行经验的航空专业人才和多年维修经验的维修团队，管理人员多来自民航、空军
辽宁奥斯特通用航空有限公司	机场地面综合服务、空中游览、电力巡航、空中航空摄影、空中广告救援、驾驶员执照培训、航空器代管、空中巡查、航空探矿、静态展示、森林防火、航空护林等通用航空经营项目	现已购进一架EC130T2
大连通用航空有限公司	航空摄影、空中广告、海洋监测、渔业、飞行、气象探测、科学实验、城市消防、空中巡查	经营民航东北地区管理局许可的业务
飞行家（沈阳）航空俱乐部有限公司	筹建航空运动表演飞行、个人娱乐飞行	—
沈阳蜂鸟航空俱乐部有限公司	（航空俱乐部类）使用限制类适航证的航空器和轻于空气的航空器从事私用飞行驾驶执照培训、航空运动表演飞行、航空运动训练飞行，以及个人娱乐飞行等	—

表4.7（续）

通用航空公司名称	运营范围	成果
辽河通用航空有限公司	航空摄影、空中广告、科学实验、空中巡查、飞机播种、空中施肥、空中喷洒植物生长调节剂、空中除草、防治农林业病虫害、草原灭鼠、防治卫生害虫、航空护林、空中拍照、空中游览、航空运动表演飞行、跳伞飞行服务、通航机场的管理及服务	—
锦州龙宇通用航空有限公司	技术开发、技术转让、技术咨询、技术服务，航空信息咨询，民用飞机及直升机销售、租赁，飞机零件、户外装备销售，飞机维护服务，飞行驾驶培训服务	—
葫芦岛天翼通用航空有限公司	空中游览、航空婚礼、商业飞行、航空摄影、空中广告、展览展示、海洋监测、渔业飞行、城市消防、空中巡查、电力作业、私用驾驶员执照培训、航空护林、航空喷洒（撒）	欧洲直升机BO105、美国罗宾逊R44、美国Zenith CH-801、澳大利亚佳宝J-160

4.3.1.2 无人机作业状况

辽宁省无人机企业有24家，其中规模以上企业有2家。沈阳市无距开展固定翼、单旋翼、多旋翼无人机整机研制，在无人机飞控系统、大数据融合应用平台方面处于优势地位。辽宁壮龙开发的"重载荷、长航时、高可靠"油动直驱无人机产品技术水平领先。

截至2019年4月，东北地区获无人驾驶航空器经营许可企业363家，其中辽宁省133家（36.7%），吉林省80家（22%），黑龙江省150家（41.3%）。由此可见，辽宁省获无人驾驶航空器经营许可企业的家数仍然跟黑龙江省有一定的差距。

随着无人机技术的发展，辽宁省无人机的应用越来越广泛，主要应用于农业植保、警用巡查、防灾减灾、电力巡线与风电验收、环境监管、海域监测等领域。

1）农业植保

植保无人机是用于农林植物保护作业的无人驾驶飞机，主要是通过地面遥控或GPS飞控，来实现喷洒作业，可以喷洒药剂、种子等。其工作效率高、人工成本低，而且药剂喷洒均匀、质量高、效果好，还避免了人与农药的直接接触，减少了农药对人体的危害。此外，植保无人机体积小，重量轻，运输方便，飞行操控灵活，对于不同的地块、作物均具有良好的适用性。近几年，随着国家整体土地流转的加剧、人工成本上升及国家大力发展现代农业，植保无人机市场正在不断升温。

目前，植保无人机在辽宁省的飞防面积达66666.7公顷以上，主要集中在水稻（53333.3公顷）等大田作物、榛子，以及其他蔬菜水果上。在大型机械、无人机飞防及相关药剂的使用上，政府2017年投入7000万元，专门针对水稻二化螟、稻瘟病以及一些水果病虫害的防治，平均每亩地补贴10元。辽宁省作物品种多，夏有大田作物，冬有保温大棚，目前有大棚$7.33×10^5$公顷，即使到冬天，也可利用无人机在保温大棚内开展飞防作业，每年能保证10个月的用药时段。植保无人机企业在辽宁省的运行模式大致有两种：第一种是大疆无人机模式，主要是找代理商及分销商压货，门槛不高，这样的运营模式为植保无人机企业有效解决回款问题；第二种是以极飞为代表的服务模式，极飞主要提供飞防服务，通过培训学员，组织飞防队伍，并提供植保作业信息，使飞防队伍通过作业维持运行。

植保无人机在辽宁省应用的典型案例如下：2014年，凌海市从外地引进低空植保无人驾驶直升机并投入使用，阜新蒙古族自治县购入专业的植保无人机防治三代黏虫，本溪满族自治县购置无人机进行农药喷洒作业，一架无人机每七分钟所喷洒的农药可覆盖1.33公顷土地；东港市全力推广无人机植保新模式，采用无人机防控水稻病虫害，实施作业面积近6666.7公顷，有力地推动了东港市植保机械化发展步伐；2016年，辽宁省植保站会同铁岭市农委，在两家子农场建立了超过1333公顷的植保无人机投放赤眼蜂防治玉米螟试验基地；沈阳市使用无人机进行森林病虫害防治和监测预报，无人机防治森林病虫害面积已达392公顷；法库县使用无人机防治舞毒蛾、榛实象面积达352公顷，沈北新区使用无人机预防松材线虫病面积为40公顷,康平县森防部门采购无人机用于森林病虫害监测预报,提高了监测预报的科技含量。

2) 警用巡查

警用无人机是以无人机飞行平台为载体,通过负载相关任务模块,精准执行侦察、处置、打击等警务工作的专业警用装备。其以快速高效、安全可靠的优势在当前警务系统当中有着十分广泛的应用。

2016年,葫芦岛市公安局投资135万元,购置了2架F90警用无人机、3架单兵JP12、1架J46训练机。F90无人机飞行高度可达3000米,最大航程达10千米,最高巡航速度达15米/秒,续航时间40分钟以上。无人机上可以挂载高清摄像头、喊话器等设备,并通过4G传输技术,将画面实时传输到指挥车辆的大屏上,便于实时获取现场情况,为指挥员提供高效准确的指挥调度依据。2019年,大连市公安局交警支队西岗大队引入交通事故现场无人机勘察系统,重点解决大型活动或节假日期间因交通拥堵带来的事故处理难题,加快实现道路交通事故"空地一体化"模式转变;鞍山交管局组织警用无人机飞行小分队,启动警用无人机在城区主次干道及高速路段不定时开展空中巡查,参与常态化道路交通安全管理工作。此外,无人机还配合交管局的缉查布控系统,对涉嫌存在假牌、套牌、逾期未检验等违法情况的车辆实施精准查控,协助路面警力快速发现、控制目标车辆,进一步提升道路交通安全管理效率。

2019年汛期,丹东市首次在所辖范围内使用无人机专职对河道水域进行执法巡查工作,在遏制非法采砂行为、维护汛期江河湖的安全上发挥了重要作用。丹东市公安局水务分局联合丹东市水务服务中心水政执法支队在对主要河道进行全方位摸底排查的基础上,对一些人员难以到达的地域,采用无人机拍摄巡查,通过空地结合的巡河模式,实现河道水岸巡查全覆盖。

3) 防灾减灾

(1) 防汛减灾。

暴雨洪水的影像信息收集。2013年辽宁抚顺"8·16"特大洪水中,辽宁省防汛抗旱指挥部办公室(以下简称"辽宁省防办")协调辽宁省电力公司出动多架无人机，对灾区情况进行影像收集，在第一时间传送90秒的前线灾情影像。指挥部利用影像信息将受灾的大致范围、房屋受损的严重程度、基础设施损失情况、失联村庄的状况等多种受灾信息情况做出初步评估，为下一步决策部署提供了有力支持。除收集灾情信息外，还使用无人机进行救援工作，寻找失踪人员和车辆，减少了救援时间，提高了救援效率。

山洪灾害调查评价的数据采集。2014年，中国水利水电科学研究院与辽宁省防办合作，利用无人机航拍测量系统在辽宁省抚顺市清原县开展了山洪灾害调查评价实验性工作。利用四旋翼无人机搭载数码相机进行航测，获取厘米级精度的数字影像，结合GPS定位数据，通过测绘处理软件进行数据拼接和纠正处理，最终生成点云数据、数字线划图、数字正射影像、数字高程模型数据、河道纵横断面图等，构建出三维模型和小流域洪水演进模拟。无人机技术在山洪灾害防治区域的地理信息获取方面为山洪灾害调查评价工作提供了全新的技术支撑。

险工险段的遥感信息获取。2016年初，辽宁省防办进行了全省7条大江大河的险工险段调查工作，其中大凌河河道险工险段利用轻小型无人机开展了影像收集和地理信息获取工作。调查中，无人机共起飞15架次，飞行总航时176分钟，航拍内容包括险工险段周围的水工建筑物、河道走势、周围地形地貌、周边其他重要设施等。无人机航拍可准确核查出险工险段的险工类型、危险程度、险工现状、危及范围，为河道运行管理提供了全面系统的基础数据，为有的放矢部署险段防御工作争取了时机，为防汛指挥部科学指挥决策提供依据。

（2）森林防火。

目前，森林消防无人机监测森林火灾作为一种新型森林火灾遥感监测手段，已被我国很多省、市（区）广泛应用。2016年春开始，辽宁省启用新型无人机遥感监测技术参与森林防火工作，不仅提升了辽宁省森林防火预防体系的建设能力，还有助于提升森林火灾现场指挥效能以及综合灭火能力，同时也填补了在森林火灾现场遥感监测、远程视频监控等方面的空白。针对春季空气干燥易发生火灾的特点，为保障百姓的生命财产安全，锦州市义县公安局使用无人机等装备在全县范围内开展春季防火攻坚战。2019年，沈阳棋盘山地区山火救援中，沈阳航空航天大学辽宁无人机应急救援保障基地的无人机积极开展空中火情侦察，在侦察过程中克服夜晚视线不佳、烟雾弥漫及大风等诸多不利条件，找到了火势蔓延的方向和范围，为应急指挥提供实时火场信息。

4）电力巡线与风电验收

国家电网辽宁电力有限公司利用无人机清除高空可燃异物于2014年6月份首试成功，并取得该类型无人机实用新型国家专利授权。2019年以来，国家电网大连供电公司共利用无人机开展杆塔巡视1230基，累计滞空时间40.93小时，共发现缺陷5处，全面提升了输电线路缺陷巡视处理质效，比人工巡线效率高出40倍。2019年清明节前夕，国家电网大连供电公司全面开展无人机防山火特殊巡视、输电线路在线监测等工作，确保线路安全及电网稳定。无人机巡线提高了电力维护和检修的速度和效率，许多工作能在完全带电情况下迅速完成。

辽宁无人机遥感技术也应用到了风电验收中。在辽宁省环境工程评估审核中心承接的风电场环境保护验收工作中，无人机航拍辅助验收人员现场勘察，不仅为验收工作提供了详细的参考和依据，也大大提高了工作效率。按照国家《风电发展"十三五"规划》，辽宁省沈阳、阜新、锦州、朝阳等地都开展了风电场建设。随着风电项目的快速发展，辽宁省已将无人机广泛应用于置身在山地和丘陵地带的风电项目环保验收中，不仅精度提高，还避免了工作人员来回奔波，提高了效率。

5）环境监管

近年来，辽宁省环境监管任务十分繁重，尤其是流域、矿山、水利、风电、高铁、生态功能区、大型或超大型企业等国家及省重点项目的环境监管。辽宁省利用无人机出色地完成了京沪高铁环保验收、丰满水电站环评、溪浙直流输电工程环保验收、辽河流域生态调查，以及鞍钢和本钢等重点钢铁企业环境监管等一批国家及省重点工程。辽宁省率先在全国将无人机应用于环保领域，无人机已累计飞行上千架（次），全省基本实现无人机环境监管常态化。辽宁省环境工程评估审核中心从2011年开始开展无人机环境遥感工作，与沈阳航空航天大学、辽宁省环境科学研究院等科研单位合作，建立了无人机遥感技术服务、产品生产和技术研发以及无人机遥感应用人才培养三位一体的综合性工作平台。

2011年12月,辽宁省首次采用无人机遥感系统对辽河流域进行辽河治理现状航拍和遥感监测。在雾霾多发、空气污染严重的大环境下,辽宁省在全国率先采用无人机环境遥感技术,为大气污染防治监察提供强有力的数据支撑。无人机遥感技术在排污设施改造检查和大气排放监察中的高效应用,为辽宁空气质量的改善增添了又一利器。

此外,在鞍钢、本钢、新抚钢等钢铁厂的空气治理中,无人机技术也发挥了重要作用,推动了企业治理工作加速进行。

6)海域监测

辽宁省地处东北亚地区中心位置,是我国万里海疆的最北端,大陆海岸线全长约2200千米,岛屿岸线长约650千米,海域面积约15.02万千米^2,近海分布大小岛屿506个,岛屿面积约187千米^2。随着海洋经济的发展,辽宁省对海洋资源的刚性需求上升,海域开发力度不断加大。为顺应海洋经济发展规律,辽宁省启动海域无人机航空监测项目,逐步推进辽宁省海域、海岛实现全方位、立体化、数字化的实时监控。无人机所获取的高分辨率遥感数据在海域动态监管、海洋环境监测、资源保护等工作中用途广泛,为海洋综合管理、海洋经济可持续发展提供科学依据和技术支撑。

辽宁岛屿数量众多,根据我国近海海洋综合调查(908专项),辽宁省面积在500米^{2}以上的海岛共有356个,大部分海岛远离岸线,有的岛屿杂草丛生,岩石陡峭,人员无法到达,地面监视监测很困难。利用无人机航拍监测可以很好地解决这个问题。根据需要,无人机随时获取海岛全方位影像资料,满足行政管理部门需求。无人机作为一种新型遥感监测平台,飞行操作智能化程度高,可按预定航线自主飞行、摄像,实时提供遥感监测数据和低空视频监控,具有机动性强、灵活便捷、运行成本低等特点,大大提高了行政管理部门对海岛保护与开发的动态监控水平,增强了海岛的综合管控能力。

2011年底,辽宁省在全国率先尝试委托商业公司进行海域无人机航拍监测作业,取得良好效果,被国家海洋局列为三个无人机航拍试点省份之一。2013年,辽宁省海域和海岛使用动态监视监测中心采购了2架油动固定翼无人机和1套无人机遥感影像处理系统，组建了无人机航拍监测团队，目前已经具备了独立操作无人机航拍监测的能力，掌握了影像快速获取、数据快速处理、信息加工集成、变化信息自动提取等技术方法和技术指标。这使辽宁对重点海岛和重大海岛开发保护项目的监测内容、监测频率、监测精度都有了很大提高，监测成本大大降低。2014年，辽宁省摄影测量与遥感院利用无人机对东港獐岛进行了航摄，航摄面积4千米^2，为獐子岛的旅游规划提供了第一手航空影像资料，这是辽宁省摄影测量与遥感院利用无人机第一次进行岛礁航空摄影，填补了辽宁省在这一领域的空白。2015年11月，辽宁省海域和海岛使用动态监视监测中心联合盘锦市海域动态监视监测中心，派出无人机飞行团队对双台子河口"退养还滩"工程所在区域进行了大面积无人机航拍，获得了该区域的第一手视频资料。与遥感影像相比，视频监测能够更好地展示"退养还滩"工程启动前期双台河口的滩涂被围海养殖占用的现状，有助于准确地掌握该区域的整体生态结构，为滨海湿地的生态修复提供数据基础。2019年，营口海事局组织开展了首次海上无人机巡航任务，主要巡航区域为营口鲅鱼圈港区，共计飞行时间1小时44分钟，飞行里程46.9千米，巡航可视监控面积约为136千米^2，使用机型为ASN-216C垂直起降固定翼无人机。无人机拍摄的视频信号可由起降点控制终端通过4G网络直接传输至营口海事局，实现高清视频和照片实时传送、快速处理。

4.3.2 通用航空服务业

（1）盘锦中澳航空科技股份有限公司。

盘锦中澳航空科技股份有限公司（以下简称"中澳航科"）位于辽宁省盘锦市盘山县陈家镇，注册资本为6585.76万元。中澳航科主要经营通用航空器整机销售、零备件销售、航空器售后服务、通用航空技术咨询服务、场地出租、房屋租赁、J230-D型飞机生产。

（2）中国航空油料有限责任公司沈阳分公司。

中国航空油料有限责任公司沈阳分公司（以下简称"中航油料沈阳

分公司")位于辽宁省沈阳市,于1993年5月注册成立。中航油料沈阳分公司主要经营民航系统内汽油、煤油、柴油批发,清洗剂、石化产品(危险化学品除外)、机场地面各种机具采购、销售、仓储及技术咨询、技术服务,商务代理、中介服务,储运设备的开发、采购、销售。

(3)辽宁天行健航空科技有限公司。

辽宁天行健航空科技有限公司(以下简称"天行健航科")位于辽宁省辽阳市,2015年3月成立,注册资本为1亿元。天行健航科主要经营通用设备研发、设计、推广、制造、销售,设备维护、保养及技术咨询。

(4)锦州鑫鼎航空维修工程有限公司。

锦州鑫鼎航空维修工程有限公司(以下简称"鑫鼎航修")位于辽宁省锦州市凌海市,于2005年11月注册成立,注册资本为1000万元。鑫鼎航修主要经营飞机机械、电气和电子部件附件销售、维修、技术服务,飞机地面设备零件制造、销售、维修、技术服务,货物装卸、搬运服务,货物仓储、保管,通信工程,计算机网络工程,计算机软件及辅助设备销售,真空设备制造、销售、维修,道路普通货物运输。

(5)沈阳航丰科技有限公司。

沈阳航丰科技有限公司(以下简称"航丰科技")位于沈阳市于洪区,2016年4月注册成立,注册资本为1000万元。航丰科技主要经营航空设备(不含民用航空器的发动机、螺旋桨)、工农业民用飞行器、多旋翼无人机、固定翼无人机、无人飞行器研发、设计、制造、销售、维修、技术咨询、技术服务、租赁服务、技术转让、技术培训,航拍、航摄服务,科普器材、机械设备技术研发、技术转让、销售、维修,电子产品技术、农业技术咨询。

(6)塞里斯通用航空有限公司。

塞里斯通用航空有限公司注册资本1亿元,经营范围包括飞机零部件生产(不含民用航空器发动机、螺旋桨)、机场建设、航空技术交流服务,通用航空产业投资。

(7)联拓国际宇航服务(沈阳)有限公司。

联拓国际宇航服务(沈阳)有限公司是一家台港澳法人独资的有限责任公司,注册资本为25.0198万美元,主要经营范围包括民用飞机零部件制造、维修及咨询服务，飞机清洁、飞机保洁服务等。

（8）大连睿弛航空工业有限公司。

大连睿弛航空工业有限公司2014年3月注册成立，注册资本为500万元，主要经营飞艇及零部件研发、生产、销售、维修服务。

（9）沈阳锐翔无人装备有限公司。

沈阳锐翔无人装备有限公司2014年9月注册成立，注册资本为200万元，主要经营无人装备生产、技术应用与开发、技术服务、技术咨询、销售，自营和代理各类商品及技术的进出口（国家限定公司经营或禁止进出口的商品和技术除外）。

（10）沈阳天道通用航空机场管理有限公司。

沈阳天道通用航空机场管理有限公司（以下简称"天道通航"）成立于2015年6月，注册资本6518.4万元。天道通航经营范围包括通用航空服务，农村民间工艺及制品、休闲农业和乡村旅游资源的开发经营，休闲观光活动，园区管理服务，城市绿化管理，城市公园管理，游览景区管理，物业管理，餐饮管理，会议及展览服务，组织文化艺术交流活动，广告设计、代理，市场营销策划，智能农业管理，农业园艺服务，农业生产托管服务，与农业生产经营有关的技术、信息、设施建设运营等服务，农产品的生产、销售、加工、运输、贮藏及其他相关服务，灌溉服务，农副产品销售，蔬菜、食用菌等园艺作物种植，初级农产品收购，中草药种植，中草药收购，地产中草药（不含中药饮片）购销，花卉种植，园艺产品种植，水果种植，草种植，林业产品销售，机场地面综合服务。

综上，辽宁省通用航空服务业发展现状简表如表4.8所示。

表4.8 辽宁省通用航空服务业现状

通用航空公司名称	经营范围	注册资本
盘锦中澳航空科技股份有限公司	通用航空器整机销售、零备件销售、航空器售后服务、通用航空技术咨询服务、场地出租、房屋租赁、J230-D型飞机生产	6585.76万元

表4.8（续）

通用航空公司名称	经营范围	注册资本
中国航空油料有限责任公司沈阳分公司	民航系统内汽油、煤油、柴油批发，清洗剂、石化产品（危险化学品除外）、机场地面各种机具采购、销售、仓储及技术咨询、技术服务，商务代理、中介服务，储运设备的开发、采购、销售	—
辽宁天行健航空科技有限公司	通用设备研发、设计、推广、制造、销售，设备维护、保养及技术咨询	1亿元
锦州鑫鼎航空维修工程有限公司	飞机机械、电气和电子部件附件销售、维修、技术服务，飞机地面设备零件制造、销售、维修、技术服务，货物装卸、搬运服务，货物仓储、保管，通信工程，计算机网络工程，计算机软件及辅助设备销售，真空设备制造、销售、维修，道路普通货物运输	1000万元
沈阳航丰科技有限公司	航空设备（不含民用航空器的发动机、螺旋桨）、工农业民用飞行器、多旋翼无人机、固定翼无人机、无人飞行器研发、设计、制造、销售、维修、技术咨询、技术服务、租赁服务、技术转让、技术培训，航拍、航摄服务，科普器材、机械设备技术研发、技术转让、销售、维修，电子产品技术、农业技术咨询	1000万元
塞里斯通用航空有限公司	飞机零部件生产（不含民用航空器发动机、螺旋桨）、机场建设、航空技术交流服务，通用航空产业投资	1亿元
沈阳天道通用航空机场管理有限公司	机场地面综合服务	6518.4万元
联拓国际宇航服务（沈阳）有限公司	民用飞机零部件制造，维修及咨询服务，飞机清洁、飞机保洁服务等	25.0198万美元
大连睿弛航空工业有限公司	飞艇及零部件研发、生产、销售、维修服务	500万元
沈阳锐翔无人装备有限公司	无人装备生产、技术应用与开发、技术服务、技术咨询、销售，自营和代理各类商品及技术的进出口（国家限定公司经营或禁止进出口的商品和技术除外）	200万元

4.4 辽宁省通用航空机场分布与建设

4.4.1 辽宁省机场分布

4.1.1.1 辽宁省民航机场

辽宁省民航机场主要有沈阳桃仙国际机场、营口兰旗机场、锦州小岭子机场、丹东浪头国际机场、大连周水子国际机场、大连金州湾国际机场、朝阳机场、大长山岛民用机场、鞍山腾鳌机场等。民航机场规模较大，设计能够达到同等规模城市的世界水平。辽宁省民航机场概况简表如表4.9所示。

表4.9 辽宁省民航机场概况

机场	位置	客运能力
沈阳桃仙国际机场	沈阳市南郊桃仙镇	国家八大航空枢纽之一，东北地区航空运输枢纽。拥有国际及地区航线20条
大连周水子国际机场	大连市甘井子区	满足旅客年吞吐量1600万~2000万人次的需求
朝阳机场	朝阳	拥有1条跑道、2个民航机位和6个通用机位，有4C级飞行区，可供A319、B737-700同类及以下机型起降
丹东浪头国际机场	丹东市振兴区浪头镇	年旅客吞吐量200万人次，货邮吞吐能力2.3万吨
锦州小岭子机场	锦州市滨海新区机场路1号	航站区按满足2020年旅客吞吐量55万人次、货邮吞吐量3750吨的目标设计，航站楼1万米^2，站坪机位6个，中远期按4D级标准预留发展空间
鞍山腾鳌机场	鞍山市西南	机场围界9.8千米，消防等级为5级，利用空军机场开展民航包机运输飞行业务
大长山岛民用机场	大连市长海县大长山岛镇东端	该机场占地面积30万米^2；飞机跑道长860米，宽30米，总面积2.58万米^2；滑行道长75米，宽15米；停机坪长69米，宽39米

表4.9（续）

机场	位置	客运能力
营口兰旗机场	营口市沿海新区兰旗村附近	共6个C类站坪机位，2016年旅客吞吐量为11.5万人次
大连金州湾国际机场（在建）	大连市金州湾海域	建成后，能够让目前世界最大的民航客机"空中客车"A380顺利起降，将成为世界最大海上机场

沈阳桃仙国际机场。该机场建于1988年，位于沈阳市南郊桃仙镇，距沈阳市中心20千米，是国家一级干线机场，国家八大航空枢纽之一，东北地区航空运输枢纽，同时为辽宁省中部沈阳、抚顺、本溪、铁岭、辽阳等大中城市的共用机场；拥有国际及地区航线20条，通往我国台湾地区、日本、韩国、德国、法国、俄罗斯等地。如图4.6所示。

图4.6 沈阳桃仙国际机场

大连周水子国际机场。该机场1972年10月建成，位于大连市甘井子区。该机场现已成为国家一级民用国际机场，是国内主要干线机场和国际定期航班机场之一，是东北三省年客流吞吐量第一的机场。该机场装备有先进的航管、通信及导航设施，各种地面服务设施齐全，可满足旅客年吞吐量1600万~2000万人次的需求。

朝阳机场。该机场始建于1933年，并于1985、1991和2008年进行了三次改扩建，拥有1条跑道、2个民航机位和6个通用机位，有4C级飞行区，可供A319、B737-700同类及以下机型起降，注册资本3868万元。作为通用航空基地,朝阳机场保障通用飞机起降10万余架次,与东华通航、飞龙通航、珠海通航、东方通航等通用航空公司建立了比较稳定的合作关系,通用航空递增速度达7%。同时还为中国民航大学朝阳飞行学院的训练飞行,以及包括人工增雨、探矿、摄影、抢险救灾在内的通用飞行保驾护航。

目前,朝阳机场有3条航线,分别是朝阳—北京、朝阳—上海、朝阳—天津航线。该机场主要为航空客货运输提供场所和辅助服务,客票代理,车辆存放,房屋、场地、设备租赁,航空意外伤害保险、意外伤害保险代理,广告设计、代理、发布,预包装食品零售,代收电费、取暖费等。

丹东浪头国际机场。该机场位于丹东市振兴区浪头镇,为4E级机场,始建于1985年,隶属辽宁省机场管理集团有限公司管理。该机场可起降波音737、波音757、波音767、麦道90、空客A320、TU154等大中型客机。2019年,丹东浪头机场共完成旅客吞吐量25.9048万人次,同比增长211.2%,全国排名第179位;货邮吞吐量652.1吨,同比增长50.9%,全国排名第141位;飞机起降2053架次,同比增长187.1%,全国排名第209位。

据2020年4月辽宁省机场管理集团有限公司官网显示,丹东浪头机场航站楼面积20780米^2,设2座登机廊桥;民航站坪面积3.96万米^2,设6个C类机位;跑道长2600米,宽45米;可满足年旅客吞吐量200万人次、货邮吞吐量4200吨的使用需求。

锦州小岭子机场。该机场隶属辽宁省机场管理集团有限公司管理,位于锦州市滨海新区机场路1号,是辽西地区的枢纽机场,区位优势十分明显,距锦州火车站25千米,距盘锦市130千米,距阜新市130千米,距朝阳市110千米,距葫芦岛市50千米。飞行区域等级为4C级,跑道长2500米;航站区按满足2020年旅客吞吐量55万人次、货邮吞吐量3750吨的目标设计,航站楼面积1万米^2,站坪机位6个,中远期按4D级标准预留发展空间。配套建设通信、导航、气象、供电、供水、供油、消防救援等辅助生产设施。

鞍山腾鳌机场。该机场位于鞍山市西南11.8千米处,机场航站楼面积2667.13米^2，民航站坪面积22230米^2，设3个C类机位。飞行区等级为4C级，飞机跑道长2600米，宽50米；滑行道长2500米，宽25米；停机坪长247米，宽90米；机场围界9.8千米。机场消防等级为5级，目前属于利用空军机场开展民航包机运输飞行业务。2019年，鞍山腾鳌机场共完成旅客吞吐量18.2555万人次，飞机起降1750架次。

大长山岛民用机场。大长山岛民用机场位于大连市长海县大长山岛镇东端，建于1987年，为中国第一家县营民用机场，1988年11月开通大长山至大连的航线。该机场占地面积30万米^2；飞机跑道长860米，宽30米，总面积2.58万米^2；滑行道长75米，宽15米；停机坪长69米，宽39米。机场建有候机楼和导航台，建筑面积1660米^2。

营口兰旗机场。营口兰旗机场简称"营口机场"，是辽东湾地区枢纽机场、环渤海地区重要机场、东北地区主要民用机场之一，于2016年2月3日正式通航。营口兰旗机场位于营口市沿海新区兰旗村附近，距离中心城区约17千米，距高铁营口东站15千米，距沈海高速（G15）营口南进出站仅9千米。机场规划建设等级为4C级。截至2020年4月，营口兰旗机场航站楼面积1万米^2，设2座登机廊桥；站坪设6个C类机位；跑道长2500米，宽45米；可满足年旅客吞吐量75万人次、货邮吞吐量4130吨的使用需求。2019年，营口兰旗机场共完成旅客吞吐量40.6536万人次，货邮吞吐量276.5吨，飞机起降4279架次。2020年6月15日，营口兰旗机场开通首条全货机航线，为天津货运航空使用B737-300F型货机执飞的天津—营口—杭州—天津航线，营口兰旗机场因此成为中国东北地区首家开通国内全货机航线的支线机场。2020年夏秋航季，营口兰旗机场共有6家航空公司在此开通6条客货运航线，共通航11座城市。

大连金州湾国际机场（在建）。大连金州湾国际机场是中国大陆地区首个海上机场，将借鉴日本关西机场、英国伦敦第三机场、美国纽约拉瓜地亚等海上机场的成熟建设技术。该机场采取离岸填海建造人工岛方式建设，飞行区等级按4F级标准建设。建成后，能够让目前世界最大的民航客机"空中客车"A380顺利起降，将成为世界最大海上机场。

4.4.1.2 通用航空机场概况

目前,辽宁省拥有各类通用机场13个。其中,沈阳法库财湖机场、沈阳于洪全胜通用机场、鞍山新开河机场、锦州黑山机场、盘锦陈家通用机场5个机场持有通用机场使用许可证,其余均为农林生产用通用机场。

苏家屯红宝山机场。该机场位于沈阳市南郊苏家屯区十里河镇红宝山,隶属沈阳通用航空公司。占地面积30万米^2;跑道长650米,宽40米,停机坪1.5万米^2,机库、办公室、宿舍、航材库、指挥塔台等建筑面积6600米^2,航修车间1960米^2。2010年末,苏家屯区农用航空服务站向市、区发展和改革委员会申请资金将机场安全保卫设施进行升级,电子监控、红外线报警系统设备上马使用。

沈阳法库财湖机场。该机场位于沈阳市法库县财湖东岸,包括一条长800米、宽30米的跑道,两条长96米、宽10.5米的联络道,约4.76万米^{2}的停机坪,以及一座用于飞行保障指挥及综合服务的5000米^{2}FBO楼。目前通航运营中心总体规划面积68千米^2,建设面积25千米^2,分为研发制造、运营培训、综合配套、休闲旅游四大板块。其业务包括为沈飞L 162机型总装、试飞和交付,通用飞机4S店及工农业飞行等。天鹅通用航空有限公司投资10亿元建设的水陆两用飞机生产制造基地项目,签约落户沈阳法库财湖机场。锐翔轻型飞机制造厂项目、中视航通法库航拍基地项目,也签约落户沈阳法库财湖机场。

于洪全胜通用机场。该机场位于辽宁省沈阳市于洪区大兴街道全胜村,由天丰航空运营管理。跑道长500米,宽25米;停机坪面积1000米^2。柔性道面,停机库2个。现已举办了首届沈阳市航空模型锦标赛,保障了2016年中国沈阳航空应急救援演练、金汇通航应急救护等应急救护业务,常年为辽沈地区十余家通航企业及俱乐部的飞行培训、试飞检测、应急救援及无人机、农林喷洒、休闲娱乐等业务提供服务保障。

鞍山新开河机场。该机场位于辽宁省鞍山市台安县新开河镇。辽宁世达通用航空有限公司坐落在鞍山新开河机场,公司拥有运-5B(D)型飞机4架和不同型号的快运飞机、直升机、固定翼航空运动器,提供飞机的代理销售、托管维修、飞行培训、个人娱乐飞行、农林喷洒、空中摄影等服务。

辽宁省机场具体分布情况见表4.10。

表4.10 辽宁省通用机场分布情况

机场名称	机场所属城市	机场所属区域
财湖机场	沈阳	法库
全胜机场	沈阳	于洪
红宝山机场	沈阳	苏家屯
八家子机场	阜新	阜新
年家机场	沈阳	辽中
二道机场	沈阳	新民
长海机场	大连	长海县
陈家机场	盘锦	盘山县
大堡机场	丹东	凤城
农业机场	铁岭	铁岭县
无梁殿机场	锦州	黑山县
新开河机场	鞍山	台安县
农用飞机场	鞍山	铁西技术开发区
虎庄机场	营口	大石桥
小洼机场	盘锦	大洼县
旧庙机场	阜新	旧庙镇
小康屯机场	铁岭	开原

2019年6月，辽宁省发展和改革委员会发布《辽宁省通用机场布局规划（2018—2025年）》，"到2025年，全省新规划布局通用机场28个，通用机场总数达到41个"。"结合全省现有军民航机场布局，充分依托既有通用机场布点，统筹产业基础、发展需求、空域条件、区位特点等因素，着力构建'一廊两翼'的通用机场空间布局，打造运距适宜、覆盖面广、功能互补、结构优化的省城通用机场网络。支持沈阳建设成为东

北地区通用航空低空空域交通管制枢纽"。"通用机场中部走廊：沿辽河生态廊道至渤海，由北向南贯穿辽宁中部地区，包括沈阳、鞍山、抚顺、辽阳、铁岭、盘锦等6市。至2025年，规划布局16个通用机场，重点建设沈阳康平苇塘、鞍山海城花园、抚顺东洲黄金等通用机场。辽宁中部走廊通用机场在提供应急救援、工农林生产作业等基本服务的基础上，将充分依托域内通航研发的良好基础，重点发展通用飞机研发制造、航空会展等功能，为推动沈阳建设国家首批通用航空产业综合示范区，打造以沈阳市为代表的通用航空制造产业基地，助力沈阳经济区新型工业化综合配套改革试验区建设提供支撑和保障。""通用机场东南翼：覆盖辽宁东南部地区，包括大连、本溪、丹东、营口等4市。至2025年，规划布局11个通用机场，重点建设大连旅顺三涧堡、丹东振安瀚星、营口老边黄旗等通用机场。辽宁东南翼通用机场在提供应急救援、工农林生产作业等基本服务的基础上，将充分依托域内丰富的旅游资源优势，重点发展空中游览、航空体育、公务商务飞行等功能，将低空旅游培育成产业创新融合发展的旅游新业态，助推大连建设国家首批通用航空产业综合示范区，为推进大连'两先区'建设、打造东北亚著名海滨休闲度假旅游目的地提供有力支撑。""通用机场西北翼：覆盖辽宁西部地区，包括锦州、阜新、朝阳、葫芦岛等4市。至2025年，规划布局14个通用机场，重点建设锦州黑山无梁殿、阜新新邱高山子、朝阳双塔航天、葫芦岛龙湾CBD等通用机场。辽宁西北翼通用机场在提供应急救援、工农林生产作业等基本服务的基础上，将充分依托辖区面积广、气象条件好、空域冲突少的优势，重点发展飞行培训、通用飞机制造维修、短途运输等功能，为开展朝阳国家通用航空运营保障服务试点、促进该区域对接国家'京津冀协同发展'战略、推动辽西地区经济发展发挥积极作用。"

4.4.2 辽宁省机场建设能力

4.4.2.1 中国民航机场建设集团公司东北分公司

中国民航机场建设集团公司东北分公司（沈阳市民航设计院）（以下

简称"东北分公司")隶属于民航局直属企业首都机场集团旗下的中国民航机场建设集团公司,其前身为中国民航东北地区管理局机场规划设计院,成立于1985年,主要从事民用航空运输机场、民航专业工程和通用航空机场的新建、改扩建工程前期咨询和工程设计工作(包括选址、预可行性研究、可行性研究、总体规划、工程设计等),以及临空产业规划和民用建筑工程设计工作。

东北分公司技术力量强,专业设置齐全,拥有机场总体规划、机场场道、通信导航、航行气象、助航灯光、供电、建筑、结构、供油、环保、给排水、暖通、工程经济分析等民用航空机场建设主体专业及工业民用建设设计专业,拥有一批高级专家、技术顾问和开拓创新的中青年骨干专业技术人员,其中高级职称人员占27%,中级职称人员占33%,大专以上学历人员占97%。

近30年来,东北分公司技术力量不断壮大,在民用航空运输机场、民航专业工程、机场临空产业、通用航空机场等领域的咨询设计中积累了丰富经验。曾承接完成了4E级机场飞行区扩建项目的工程设计、2万米^{2}中小型机场国内国际航站楼及超过3万米^{2}航空货运库区等项目。随着低空空域开放脚步的日益临近,通用航空市场潜力巨大,东北分公司抢抓先机,已先后完成了多个通用航空基地机场项目的规划与设计任务。由于所承担项目的地域特点,东北分公司在近年完成的森林机场、高寒地区机场典型的民用支线机场项目设计和服务中,积极探索多年冻土和强冻胀土基的场道、建筑地基处理及寒冷地区公用建筑节能保温的技术措施,并卓有成效。

东北分公司先后承揽了30多个新建民用航空运输机场项目建设前期咨询工作和大部分机场的工程设计工作,包括黑河、鸡西、伊春、大庆、漠河、加格达奇、抚远、五大连池、建三江、绥芬河、宝清、饶河、长春、长白山、通化、白城、松原、四平、锦州机场迁建、营口、阜新、桓仁、满洲里、赤峰、日照等。改扩建咨询设计的民用航空运输机场包括沈阳、大连、长春、哈尔滨、丹东、朝阳、长海、齐齐哈尔、牡丹江、佳木斯、延吉、吉林、海拉尔、二连浩特、乌兰浩特、福州,以及上述已投入运行的新建机场。对于通用航空机场咨询设计工作,东北分公司经验丰富，完成了沈阳法库财湖机场全过程的咨询设计工作，完成了辽宁省沈阳市苏家屯区、大连、铁岭，吉林省敦化、二道白河，黑龙江省绥芬河、东方红、加格达奇、佳木斯、根河、沾河等10多个通用航空机场的改扩建咨询设计工作。完成了大连、长春、合肥、福州、厦门、天津、海拉尔等航管、雷达工程的新建和改扩建的咨询设计、监理工作，以及沈阳桃仙国际机场海关监管库、民航东北地区管理局办公楼、中国南方航空北方分公司计算机大楼等30多栋办公楼及住宅工程的设计工作。

4.4.2.2 沈阳通航工程设计研究院有限公司

沈阳通航工程设计研究院有限公司（辽宁联航通用航空基础工程院）于2015年3月成立，是一家集设计、科研、规划、建设、服务为一体的综合型企业。公司拥有优秀的科研、设计和建设团队，致力于通航产业发展的规划、设计以及相关技术服务；提供勘测、通用航空机场选址、可行性研究、程序设计，场站设计、施工、监理、工程承包，通用航空机场设施研发，航空遥感遥测技术应用研究，环境航空技术研究与服务，航空运动、水上运动、汽车露营综合园区规划设计以及配套设施研发，绿色机场技术与设施开发，项目评审与技术支持、相关技术服务等。自主研发产品有云鹰1号无人机系统、云鹰3号无人机系统、简易塔台、绿色机库、机动塔台（流动指挥车）。

5 辽宁省通用航空产业发展优势与问题分析

5.1 通用航空发展宏观环境

5.1.1 经济环境

5.1.1.1 中国经济在转型中保持中高速增长,为通用航空提供经济基础

党的十八大提出要加快转变经济发展方式,推进经济结构战略性调整,推动战略性新兴产业、先进制造业健康发展。"十四五"时期,我国经济将保持在中高速增长区间,这将为通用航空发展带来持续增量。"一带一路"倡议及长江经济带、京津冀等国家和区域发展战略叠加将促进区域协调发展,带动相关国家贸易、投资和金融发展,增加通用航空的内外需求,促进通用航空"走出去"。"大众创业、万众创新"将为我国通用航空发展提供新机遇,通用航空本质上由众多中小企业构成,中小企业创新发展将为我国通用航空发展探索一条真正的大众化发展道路。

5.1.1.2 需求与供给的升级为通用航空带来新的发展机遇

我国正努力抓住第三次工业革命机遇,实现在新一代信息技术、新能源、新材料等通用性很强的领域孕育新突破。科技创新促进产品供给侧的升级,信息技术、新材料、新工艺将有利于加快推动通用航空制造升级,实现通用航空与互联网、物联网、云计算、大数据等产业之间的融合发展。碳达峰、碳中和使能源供给多元化、低碳化、可再生与智能化,还将推动解决通用航空可持续发展的瓶颈问题。

随着我国人均居民收入的提高,消费升级成为必然,消费端需求的升级与多样化,为通航航空市场的释放提供了先决条件,促进国内大循环和国内国外双循环的国家政策,进一步促进国内需求,为通用航空产业发展提供了良好机遇。

"十四五"时期是我国实现基本公共服务均等化的关键期,国家基本公共服务体系要从扩大供给、完善结构、提高水平等角度综合施策施力,推动基本公共服务均等化、标准化和法治化。交通公共服务均等化需要通用航空短途运输在未来交通体系中发挥更为重要的作用,在应急救援、航空医疗救护等公共服务领域进一步发挥保障和改善民生的功能。

5.1.1.3 自主创新能力不断增强,为通航提供技术保障

近年来,我国工业化自主创新能力不断加强。《国务院关于加快培育和发展战略性新型产业的决定》提出要大力发展高端装备制造产业,重点发展以干支线飞机和通用飞机为主的航空装备,做大做强航空产业。《国家战略性新兴产业十二五发展规划》提出要大力发展符合市场需求的新型通用飞机和直升机,构建通用航空产业体系,通用航空制造业的自主研发和创新能力建设正日益得到重视,将为通用航空产业技术创新提供政策保障。

飞行器设计、航空发动机、飞行器整机制造、零部件制造、机载设备和新材料研发等产业快速发展,国产飞机研制速度加快,为通用航空产业发展提供技术保障。通用航空技术服务保障能力将不断加强,通用航空器整机维修、关键部附件和发动机深度维修能力加快提升,有利于国内通用航空综合保障水平的提升。"北斗"导航系统、广播式自动相关监视系统(ADS-B)的应用,有利于加强行业安全监管能力,提升对低空空域的管理效率;遥感技术、先进测绘技术的应用,有利于提升通用航空作业效率,促进通用航空在各行业加快应用;通用航空信息化建设速度加快,有利于提升行业管理效率和行业整体效益。

5.1.2 政策环境

通用航空是我国航空业的重要分支，自2010年我国对低空开放进行管制以来，国务院、国家发展改革委、民航局等部门都陆续印发了支持、规范通用航空行业的发展政策，内容涉及低空飞行管制、航空器、航空人才等内容。"十三五"期间上升为重要的国家发展战略。"十三五"期间，我国通用航空运营环境逐步优化，基础设施建设与产业步入发展快车道，与"十二五"末期相比，通用航空各项数据几近翻倍。"十四五"期间将进一步推进低空空域改革，规范民用航空管理局"放、管、服"工作，加快重点示范工程建设，统筹通用机场核心基础建设规划、设计与建设。具体政策演变如图5.1所示：

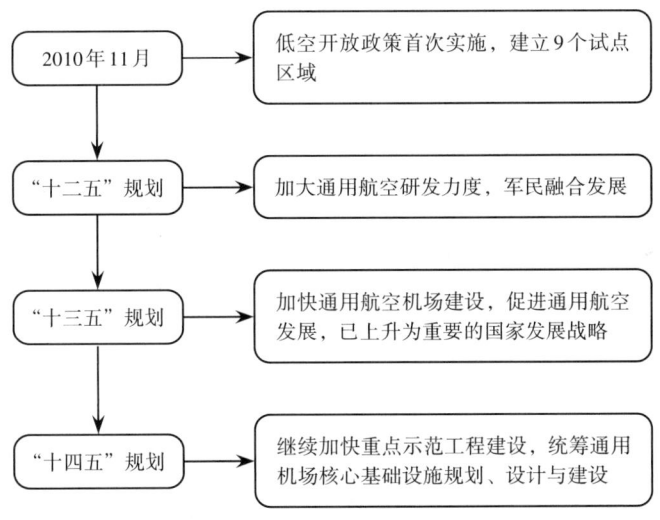

图5.1 通用航空政策的演变

2003年1月至2021年6月，我国共发布35次关于通用航空行业的具体政策方面的文件，其中支持类政策16次，规范类政策19次。具体类型与重点内容见表5.1。

表5.1　2021年7月前我国通用航空行业政策汇总

发布时间	发布部门	政策名称	政策性质	重点内容解读
2003年1月	国务院、中央军委	《通用航空飞行管制条例》	规范类	飞行管制部门按照职责分工，负责对通用航空飞行活动实施管理，提供空中交通管制服务。相关飞行保障单位应当积极协调配合，做好有关服务保障工作，为通用航空飞行活动创造便利条件
2010年12月	国务院、中央军委	《关于深化我国低空空域管理改革的意见》	规范类	对深化我国低空空域管理改革做出明确部署。首次明确了深化低空空域管理改革的总体目标、阶段步骤和主要任务
2012年10月	民航局	《通用航空飞行服务站系统建设和管理指导意见（试行）》	支持类	要扩大低空空域开放，具体包括科学规划空域、优化飞行服务、提高审批效率三个方面
2014年7月	国务院、国家空管委	《低空空域使用管理规定（试行）》（征求意见稿）	规范类	明确了低空空域的划分与管理办法。将低空空域分为管制、监视、报告空域和目视飞行航线
2014年11月	国务院	全国低空空域管理工作会议	规范类	分步对"两区一岛"和"两大区，七小区"进行1000米以下空域管理试点改革
2016年5月	国务院办公厅	《关于促进通用航空业发展的指导意见》	支持类	提出稳步扩大低空空域开放，未来将低空空域真高提升为3000米，简化通用航空飞行审批备案
2017年2月	民航局	《通用航空发展"十三五"规划》	支持类	进一步扩大低空空域开放，促进通用航空快速发展和安全有序进行
2017年3月	民航局	《关于取消通用航空器引进审批（备案）程序的通知》	支持类	取消通用航空器引进审批（备案）程序，对个人或企业引进一般通用航空器和喷气公务机不再实施审批和备案

表5.1（续）

发布时间	发布部门	政策名称	政策性质	重点内容解读
2017年4月	民航局	《通用机场分类管理办法》	规范类	按照通用机场是否对公众开放分为A、B两类。A类为对公众开放的通用机场，允许公众进入获取飞行服务或自行开展飞行活动；B类则为不对公众开放的通用机场
2017年4月	民航局	《通用航空安全保卫规则（试行）》	规范类	以威胁评估和风险管控为基础，对通用航空飞行活动实施分级分类管理
2017年5月	科技部、交通运输部	《"十三五"交通领域科技创新专项规划》	支持类	发展重点包括：新构型新能源通用航空飞机技术、新概念新布局无人运输机及现有机型无人化技术
2017年6月	民航局	《通用航空市场监管手册》	规范类	明确监管标准，包括通用航空经营许可，通航特殊飞行活动任务两项涉企许可的审批及监管工作
2017年11月	民航局	《关于进一步明确通航企业和小型运输企业运行审定工作相关问题的通知》	规范类	对验证飞行、异地运行、飞行员兼职运行、客舱乘务员配备、关于CCAR-91部所要求的飞行定位系统等问题进行解答，进一步规范了运行审定工作
2017年11月	民航局	《关于调整通航维修政策文件和维修单位管理咨询通告征求意见的通知》	规范类	修订了CCAR-145部的《航空器航线维修》和《维修单位异地维修》等两个咨询通告
2017年11月	民航局	《通用航空安全保卫规则（试行）》	规范类	进一步规范了通用航空安全保卫工作，适用于在中华人民共和国境内开展的除无人驾驶航空器之外的通用航空运行活动，以及与上述通用航空运行活动相关的单位和个人
2017年11月	民航局	《关于改进通用航空适航审定政策的通知》	支持类	针对通用航空领域，对航空器加改装审定、设计保证系统要求、自制和套材等小型航空器管理、适航证件办理等方面的管理予以了简化

表5.1（续）

发布时间	发布部门	政策名称	政策性质	重点内容解读
2017年12月	民航局	《关于简化通用航空产品和零部件适航审定政策的通知》	支持类	对部分通用航空器零部件，按自愿原则建立设计保证系统；对除运输类之外的通用航空器，其研制和验证阶段特许飞行证采用备案制管理；对轻型运动或超轻型航空器的设计生产，无需申请型号合格证（IC）和生产许可证（PC），只需申请单机适航证（AC），局方对此两类航空器进行单机适航检查并颁发特殊类适航证；积极探索军转民航空产业管理方式
2018年1月	民航局	《关于简化通航运营人装机器材适航挂签偏离申请程序的通知》	支持类	除翻修外，用于非大型航空器的部件维修和放行按照CCAR-43部的有关规定来实施，维修和改装工作的记录格式自定，无挂签要求，CCAR-91部运营人无需提交备案材料
2018年1月	民航局	《关于改进通用航空适航审定政策的通知》	支持类	国内通用航空公司为其拥有或代管的航空器进行的设计小改，采用备案制管理，无需向局方申请设计批准
2018年2月	民航局	《关于对部分通航维修监管问题的说明》	规范类	对通用航空监管工作发现的问题进行说明
2018年2月	民航局	《关于大力支持通航人员参加维修人员执照考试的通知》	支持类	将大力支持通航人员参加CCAR-66部维修人员执照考试，包括增加通航人员考试专场，设置通航重点保障考点，加快新增考点布局等；同时，合理务实，降低通航考试难度，深入扎实做好通航考试服务
2018年8月	民航局	《关于通用航空分类管理的指导意见》	规范类	做好通航分类管理，建立基于公众利益和运行风险的分类监管机制，重点管控载客类飞行，由"事前审批"向"事后监管"转变，简化、放宽非载客类企业准入条件；分类

表5.1（续）

发布时间	发布部门	政策名称	政策性质	重点内容解读
2018年8月	民航局	《关于通用航空分类管理的指导意见》	规范类	培育通航示范企业；做好机场、空管、航油、航材等服务保障，鼓励社会资本投资通航市场竞争
2018年9月	国家发展改革委、民航局	《关于促进通用机场有序发展的意见》	规范类	要求各方正确认识加快通用机场建设的重要性，科学编制通用机场布局规划，稳妥有序推进通用机场建设，并且明确规范了通用机场升级运输机场的转换机制
2018年10月	民航局	《低空飞行服务保障体系建设总体方案》	支持类	2022年初步建成三级低空飞行服务保障体系，2030年该体系需全面覆盖低空报告、监视空域和通用机场
2019年1月	民航局	《关于推进通用航空法规体系重构工作的通知》	规范类	民航局研究制定了通用航空法规体系重构路线图，形成了通航业务框架和通航法规框架。"两个框架"是开展中国民航通航政策法规体系重构的总体性文件，明确了未来一段时间中国通用航空整体政策走向、立法思路和制度设计需要遵循的基本原则和具体要求
2019年2月	民航局	《关于进一步完善通用航空机场收费政策有关问题的通知》	规范类	完善通用机场收费制度；加强通用航空机场收费监管；需明示收费项目与标准；通用航空非经营性医疗救护、紧急救援救灾、城市消防等飞行活动；应免收航空性业务收费
2019年3月	民航局	《关于征求对〈关于加强运输机场通用航空保障工作的通知〉意见的通知》	规范类	加强运输机场通用航空保障工作，其中包括：民用运输机场在通用航空保障工作方面需提高服务水平；严格执行通用航空机场收费政策，严禁擅自增加收费项目
2019年6月	民航局	《通用航空飞行计划审批与运行管理规定（试行）》	支持类	规定了飞行计划受理流程，空中交通服务管制范围，以及应急救援情况处理

表5.1（续）

发布时间	发布部门	政策名称	政策性质	重点内容解读
2019年7月	民航局	《关于加强运输机场保障通用航空飞行活动有关工作的通知》	规范类	对运输机场保障通航飞行的地面服务、收费标准、空管运行等方面工作作出明确要求和规定，要求各运输机场要不折不扣地将通用航空"放管服"政策要求落到实处，切实做好保障通用航空飞行活动有关工作，促进通用航空更好"飞起来"
2019年10月	民航局	《B类通用机场备案办法（征求意见稿)》	规范类	民航局统一对全国B类通用机场备案实施统一监督管理，机场备案信息应对外公开，备案信息提交成功视为受理
2019年11月	民航局	《轻小型民用无人机飞行动态数据管理规定》	规范类	民航局统管理民用无人机飞行动态数据，从事轻、小型民用无人机及植保无人机飞行活动的单位、个人应当按照本规定的要求，及时、准确、完整地向民航局实时报送真实飞行动态数据
2020年7月	民航局	《民航局关于支持粤港澳大湾区民航协同发展的实施意见》	支持类	构建以香港、广州、深圳国际航空枢纽多核驱动，澳门、珠海等机场多点联动的区域协调发展新格局，发展多元化的通用航空服务，强化机场综合交通枢纽建设，推进旅客联程运输一体化发展，促进粤港澳民航产业互补发展、提升大湾区民航国际影响力
2020年12月	中央空管委	低空空域管理改革试点拓展工作推进会	支持类	湖南获批成为全国首个全域低空开放试点省份，预计其他省份也将陆续开放全城低空开放试点
2021年3月	国务院	《国家综合立体交通网规划纲要》	支持类	机场网方面：将加快建成以世界级机场群、国际航空枢纽为核心、区域枢纽为骨干、非枢纽机场和通用机场为重要补充的国家综合机场体系

表5.1（续）

发布时间	发布部门	政策名称	政策性质	重点内容解读
2021年3月	国家发展改革委	《"十四五"规划和2035年远景目标纲要》	支持类	稳步建设支线机场、通用机场和货运机场，积极发展通用航空

除此之外，国家层面与各级地方出台了一系列支持通用航空发展的财政补贴政策。随着国家对通用航空财政补贴力度的加大以及通用航空体制机制的深化改革，行业发展环境不断改善，低空空域管理改革不断推进，通用机场、固定运营基地（FBO）、维修服务站、飞行服务站等基础设施加快完善，基础保障能力进一步增强，将为中长期我国通用航空进一步提速发展奠定良好基础。

5.2 辽宁省通用航空产业发展优势

5.2.1 政府重视通用航空产业发展

辽宁省从自身产业状况出发，一直以来非常重视航空产业发展，从历次五年规划中得到显示。《辽宁省国民经济和社会发展第十一个五年规划纲要》提出：以沈飞集团、沈阳黎明等企业为龙头，加强与波音、空中客车、庞巴迪等世界一流企业的合资合作，在引进和吸收国外先进技术基础上，大力发展民用客机。重点推进沈飞集团与庞巴迪公司合作C系列民用客机项目，掌握100座级民用飞机设计制造的核心技术和关键技术，形成批量生产能力，逐步把辽宁省建成全国重要的民用航空产业基地。《辽宁省国民经济和社会发展第十二个五年规划纲要》指出：加快建设沈阳国家民用航空高技术产业基地，尽快形成以支线飞机、通用飞机为主导方向，集研发、设计、部装、总装、维修、培训为一体的综合性民用航空产业。《辽宁省国民经济和社会发展第十三个五年规划纲要》提出：瞄准世界产业发展前沿，把握科技革命和产业变革新趋势，积极实施智能制造、智能服务工程，优先发展新一代信息通信技术、高档数控机床、机器人、生物医药、节能环保、新能源、新材料、新能源汽车、航空等重点产业。《中共辽宁省委关于制定辽宁省国民经济和社会发展第十四个五年规划和二〇三五年远景目标的建议》提出：推动高技术制造业等新兴产业发展。做强做大现代航空航天、高技术船舶与海工装备、先进轨道交通装备、新能源汽车等高端装备制造产业。壮大集成电路产业，推动设计、制造、封装、装备、材料等全产业链发展。为了支持航空产业发展，辽宁省出台一系列政策措施，具体见表5.2。

表5.2 辽宁省出台的支持航空产业发展政策措施

序号	时间	事件
1	2014年	辽宁省朝阳市被中国民航局列为国家级通用航空运营保障服务试点地区
2	2015年	辽宁省人民政府出台《关于促进通用航空和航空零部件制造产业快速发展的实施意见》
3	2016年	辽宁省航空产业联盟成立，旨在推动辽宁省航空工业领域军工与地方单位需求对接、交流与合作，促进航空产业军民融合发展
4	2017年	沈阳市、大连市被国家发展改革委列为国家级通用航空示范区，两市制定了市级规划或示范区实施意见
5	2018年	辽宁省成立省委军民融合发展委员会办公室
6	2019年	先后制定并出台了《辽宁省军民融合深度发展"十三五"规划》《辽宁省军民融合发展战略实施意见》等政策措施，将航空产业作为发展重点之一
7		辽宁省被国家卫健委列为航空医疗救护联合试点地区
8		出台《辽宁省通用机场布局规划（2018—2025年）》
9	2020年	国家发展改革委在北京钓鱼台国宾馆举办"国家高技术产业基地"授牌大会，沈阳成为国家级航空高技术产业基地
10		编制《辽宁省"十四五"科技创新规划及中长期（2021—2035年）科技发展规划项目指南》——交通领域"十四五"科技创新规划

5.2.2 地理位置优势

辽宁省是全国仅有的两个既沿海又沿边的省份之一，地处环渤海和东北亚中心地带。辽宁省濒临黄海、渤海，N字形轮廓的2200多千米大陆海岸线占全国12%，位居沿海省份第五。在海洋维权、海上救援、海洋监管、石油勘探、海上石油平台飞行，以及私人服务、空中观光、飞行体验、海岛旅游等海洋飞行方面拥有较大的市场空间。

作为东北唯一的陆海双重通道，辽宁省是丝绸之路经济带和21世纪海上丝绸之路的重要交会点。陆海联运、海铁联运的优势，让辽宁省成为"一带一路"建设的重要节点，也是新欧亚大陆桥的桥头堡。辽宁省沿海有六个主要港口，大连港、营口港都是全国排名前十位的大港。从辽宁省出发的中欧班列已经实现满洲里、二连浩特和绥芬河三大口岸通道同时运行，可以到达欧洲20多个国家的40多个城市。2017年挂牌以来，辽宁自贸试验区累计新增366家东北亚外资企业入驻。在承接国内外通用航空飞行器技术与先进产品方面具有巨大优势。

辽西地区是京津冀制造业产能转移半径最短的承接区域之一，也是东部地区产业梯度转移的理想区域。2020年底，国家发展改革委批复，支持辽西北承接产业转移示范区建设。2021年1月，京沈高铁正式运营，辽西地区融入京津冀"一小时经济圈"。2021年4月公布的《辽宁省国民经济和社会发展第十四个五年规划纲要》中明确提出，依托阜新、朝阳、葫芦岛等，建设辽西融入京津冀协调发展战略先导区，打造开放合作的西门户和新增长极。一方面，能够与京津冀通用航空产业形成对接，利用京津冀发展优势，拓展通用航空市场潜力；另一方面，发挥朝阳机场与通用航空基地的重大优势，在条件成熟时，率先与京津冀形成低空航线网络，成为通用航空运营业的先导。

5.2.3 航空产业基础雄厚

新中国成立后，辽宁省成为全国航空业的摇篮，是全国公认的航空产业最完整、历史最悠久、实力最强大的省份,具有集约、高效、全面发展航空产业的独特优势。四川的成都飞机工业(集团)有限责任公司(简称"成飞")、成都飞机设计研究院(611所),陕西的西安飞机工业(集团)有限责任公司(简称"西飞"),贵州的黎阳航空发动机(集团)有限公司等均为辽宁省援建。

沈阳飞机工业(集团)有限公司是新中国第一个专业飞机制造企业,作为重要航空器制造基地,辽宁省长期以来都是空军重要战机的生产研发地,歼-5、歼-6、歼-7、歼-8系列飞机都在沈阳拥有强大的航空航天制造产业链。近年来,一些企业承担的新一代军用飞机和航空引擎等重要研发任务,进一步稳固了辽宁省航空制造业的优势地位,增强了航空制造能力。中航工业沈阳飞机制造公司和中国航发沈阳黎明航空发动机有限责任公司形成了航空制造的两翼,具有极大的辐射带动效应。到目前为止,中航工业沈阳飞机制造公司转包生产出口的5000架赛斯纳162飞机是我国航空工业的最大单笔整机出口业务。中航沈飞民用飞机有限责任公司、沈阳中体轻型飞机有限公司、盘锦中澳航空科技股份有限公司、沈阳兴华航空电器有限公司、沈阳航天新光集团有限公司等是航空器及关键配套件生产制造的主要企业,生产的通用航空器机型有塞斯纳LSA 162、佳宝J160C/J230C、海燕650等。辽宁拥有5家通航产业基地。其中,沈阳国家航空高技术产业基地为国家级的航空产业基地,沈阳法库通用航空产业园、盘锦通用航空产业园、大连通用航空产业园和朝阳通用航空基地均为省内地方规划设立的航空产业园。沈北新区建设的中国航空集聚中心具备了先导优势,已引进中航工业沈阳空气动力研究院、沈阳国泰飞机制造有限公司、西子航空有限公司、沈飞航空产业园等整机、航空零部件项目。辽宁省拥有120余家企事业单位从事航空器及零部件生产、设计开发、服务和运营,有从业人员3.5万余人。

运营方面,辽宁省有南方航空北方分公司、东北航空公司、中国航空油料有限责任公司沈阳分公司、中国民航机场建设集团有限公司东北分公司、国家应急平台东北中心,以及数十家通用航空企业。沈阳航空航天大学承担各类机务和军民航飞行员培训,中国民航大学朝阳飞行学院为民航飞行员培训,空军某飞行学院为高级中教练培训。

另外,辽宁省还有军民航的管理机关,如民航东北地区管理局、民航东北地区空中交通管理局、北部战区空军司令部,空军和海军航空兵机场、航空修理厂、飞行部队和机务训练机构也均设在辽宁省。

5.2.4 辽宁省航空科研实力较强

辽宁省有东北唯一一所航空院校——沈阳航空航天大学,学校现已形成了以"航空装备设计制造与试验技术"为主要研究方向的航空宇航学科群和以"航空信息化与控制技术"为主要研究方向的信息科学学科群。拥有2个国家级科研平台、20个省部级重点实验室(工程中心),对通用航空技术形成重要支撑。与此同时,学院将通用航空技术作为重点科研方向,拥有1个省级协同创新中心——辽宁省通用航空协同创新中心,1个省级重点智库——通用航空产业发展研究中心,是辽宁省通用航空研究所的重要依托单位。

大连理工大学航空航天学院主要科研领域和科研方向包括:先进飞行器气动布局与推进技术、计算空气动力学、航空航天推进技术、航空航天热防护技术、飞行器复合材料性能分析及设计、飞行器特种材料与结构、飞行器结构设计与评估、飞行器结构安全与监测飞行器动力学、飞行器导航制导与控制、飞行器系统仿真、空间微振动与精密系统、无人飞行器技术等。强大的科研团队与航空领域的基础理论与工程研究,对通用航空飞行器设计与制造创新发展具有重要支撑作用。

辽宁省有沈飞集团、沈阳黎明,还拥有国家级技术中心2个、省级技术中心5个。在飞机设计方面,中航工业沈阳飞机设计研究所是新中国第一个专业飞机设计所。航空发动机设计方面,中航工业沈阳发动机设计研究所是新中国第一个航空发动机专业设计所。

中国航发沈阳发动机研究所,是国内大中型航空发动机设计研究中心,先后研制11种型号的涡喷、涡扇发动机。昆仑、太行两大发动机的成功研制,走出了一条中国自主创新研制航空发动机的道路。中航工业沈阳飞机设计研究所(601所),设计手段先进,覆盖全所的计算机网络系统,形成了以计算机辅助设计、工程分析、型号管理为主的应用系统,具备进行飞机全机三维数字化设计制造能力和手段，可同时进行多个型号设计。拥有国内先进的飞机控制工程综合试验室、全机电磁兼容性实验室等25个配套设施齐全的重点专业试验室。由原沈阳空气动力研究所（626所）和哈尔滨空气动力研究所（627所）合并组建的中国航空工业沈阳空气动力研究所，主要从事航空气动力设计、数值模拟、风洞试验基础与应用技术研究以及配套设备研制，可承担各类航空航天飞行器型号高低速风洞试验与气动力综合技术服务。

5.2.5 低空开放试点与产业影响力优势

法库通航产业基地于2010年9月获军委空军司令部批复，成为东北地区首个正式获得批复的通航机场。在2010年发布的《关于深化我国低空空域管理改革的意见》中，辽宁省被确立为低空改革深化试点区域。以此为依托，辽宁开始了通用航空发展道路。2012年3月，沈阳法库财湖机场正式被国家空管委、军委空军司令部批准成为我国第一个低空空域航空服务站试点，沈阳法库财湖机场获批成为国家低空空域改革试验区，未来中国低空开放管理模式将在法库率先推广。目前，机场现有的相关配套设施已在全国通用机场中处于领先地位，已成功举办八届国际飞行大会，成为中国通用航空产业发展的示范区。法库飞行大会已经成为辽宁在通用航空领域的一面招牌，集通用航空飞行技能表演、通用航空技术与产品展示与交易于一体，在国内外通用领域享有很高的知名度，影响力巨大。

全国闻名的航空培训基地——中国民航大学朝阳飞行学院，2009年正式获取飞行培训资质并开展飞行训练，累计完成通航飞行培训近20万小时，2019年开展飞行培训达38979小时。在目前通用航空作业率排在第一位的培训领域，其影响力在全国通用航空培训中名列前茅。

5.2.6 通用机场建设完备

辽宁省拥有各类通用机场13个，其中沈阳法库财湖机场、沈阳于洪全胜通用机场、鞍山新开河机场、锦州黑山机场、盘锦陈家通用机场5个机场持有通用机场使用许可证，其余均为农林生产用通用机场。机场数量位居全国前列。2019年6月辽宁省发展改革委发布《辽宁省通用机场布局规划》，"到2025年，全省新规划布局通用机场28个，通用机场总数达到41个"。实现每个市至少拥有1个通用机场，通用航空服务功能逐步完善，初步形成集短途运输、公共服务、航空消费、飞行培训等功能为一体的通用机场网络，总体可有效支撑辽宁省通用航空产业的发展，满足应急救援体系建设对通用机场布局的要求。

除此之外，辽宁省具备较为强大的机场建设能力，隶属民航局直属企业首都机场集团旗下的中国民航机场建设集团公司东北分公司（沈阳市民航设计院）和沈阳通航工程设计研究院有限公司（辽宁联航通用航空基础工程院）都具有承揽包括机场选址、可行性研究、工程设计、机场总体规划、机场场道、通信导航、航行气象、助航灯光、供电、建筑、结构、供油、环保、给排水、暖通、工程经济分析等机场建设项目的设计、咨询、建设、评审等能力，在省内外承揽多项项目，具有较强的机场规划与建设经验，为辽宁省通用机场后续发展提供保障。

5.2.7 装备制造业基础支持

辽宁省装备制造业为通用航空产业提供了良好的基础。作为传统装备制造业大省，辽宁省在装备制造业领域具有鲜明优势，具体表现在汽车发动机与航空发动机、轨道交通的机车、石化通用装备、数控机床、重型基础建设装备、柴油机、汽车零部件、新型材料、石油化工、机器人与人工智能、5G设备与高端电子设备、大型起重设备、高压输变电设备、航空仪表、大型船舶制造等重点行业、骨干企业，具有较强的创新能力，形成具有国际竞争能力的现代装备制造业基地。

通用航空产业链长，设计上下游产业多而复杂，辽宁省装备制造业优势为通用航空产业发展提供了强大的产业支持，加之辽宁省本身具有雄厚的航空产业基础与研发实力，为辽宁省通用飞行器制造提供了其他省份所无法比拟的巨大优势。

5.3 辽宁省通用航空产业发展问题分析

5.3.1 法规与环境因素

5.3.1.1 法规滞后

（1）《通用机场建设规范》，较大部分还是参照运输机场实施，通用机场建设准入门槛高、设计规范要求高、建设投资高。审批权限高、环节多、程序复杂、周期长。

（2）通用航空法规标准体系缺失较多，《中华人民共和国民用航空法》对通用航空的表述较少，对于通用航空安全和市场的规范性专业文件较少，尤其是作业标准较为缺失。存在通用航空载人与各种作业监管方面，安全与市场规范没有区分。缺乏系统的管理法规和技术标准，通用航空目前机型复杂，飞行作业项目多样，使用临时空域随机性大，飞行有高空、低空、超低空，起降地点随机性大，目前套用运输航空法规和技术标准不适合。

（3）已有规章标准文件已经不适应通用航空发展特点。通用航空器适航审定或者适航认证程序烦琐；用户购买航空器限制条件多，办理时间长；临时飞行空域划设审批时间长，且存在一定的不确定性等。

5.3.1.2 飞行审批协调复杂、成本高

对于低空空域管理，我国将按照管制空域、监视空域和报告空域三类进行管理。管制空域，需要提前申请并接受航管部门管制指挥；监视空域，则仅需要备案，确保雷达看得见、能够联系上；报告空域，则类似自由飞行。目前来看，空域的分类、划设和调整审批复杂，不需要审批飞行计划的报告空域、监视空域规划设置数量较少，且相互缺少航路航线连接，导致通用航空可通达的地点少。

我国空中交通管理航路航线和民用机场空域由民用航空主管部门提

供空中交通服务,其他空域由空军和海军按照职责分工提供空中交通服务。通用航空飞行往往同时涉及航路航线内外的空域,有时还需要使用军用机场或者军民合用机场。在现行体制机制下,空中交通服务、安全管理、飞行服务保障设施建设和机场管理等具体业务多头管理,飞行审批协调成本高。就目前情况来看,通用航空飞行申请审批或者备案的程序复杂,审批时间较长,以直升机作业为例:每次飞行要先获得相关地方政府的批文,然后飞行计划报中国民航局审批,再由空军最终协调。这样,单区域飞行至少需要提前5~7个工作日申报,跨区域飞行至少要提前12~14个工作日。审批程序复杂使通用航空便捷、快速的特点丧失殆尽,根本无法发挥,一些通航运营项目(例如个人娱乐飞行、飞机租赁等项目)短时间内无法顺利进行,严重损害了通用航空市场活动主体的积极性。

5.3.1.3 运输机场收费偏高

运输机场普遍进入困难,在公务航空与应急救援等需求较大的运输枢纽机场普遍存在容量饱和的情况,通用航空难以进入;在干支线机场具有容量的情况下,通用航空器起降费基准价为每架次120元(航空器每起飞和降落1次合计为1个起降架次),这个价格对于运输机场来说没有吸引力,不愿意提供服务,而对于通用航空来说价格又偏高。

5.3.1.4 油料储运、配送体系仍未建立

中国民用航空局适航审定发布的《2018年适航审定部门年度报告》显示,使用航空汽油的飞机占通用飞机总数的70%以上。航空汽油供应量偏小,生产企业数量过少。

我国通用航空缺乏遍布全国的航油、成品油销售网络和完备的油品物流配送体系,缺乏区域和国家级通航油料配送中心,缺乏"安全、快捷、质优、价优"的用油环境。用户普遍存在用油难、油价高等现象,提高了现有通用航空用户的成本,制约了新用户的进入。

5.3.2 研发与制造业方面

5.3.2.1 制造与研发机构与通用航空的紧密程度不强

长期以来，中国航空工业强调以军用为主，沈飞集团、沈阳黎明、沈阳空气动力研究所等大型科研和制造单位研制生产的飞机以军用为导向。虽然通航飞机和民用运输飞机、军用飞机之间有较多的共用技术，可以将这些共用技术应用到通航飞机的研发中，但在产品发展方面上还具有不同的特点，通航飞机在制造成本低、系统简单、操纵方便等方面要求更高，如何达到这些要求便成为了研发过程中要面对并解决的问题。

辽宁省主要飞机研制生产单位较少投入到民用飞机的研制工作中，且主要集中在民用运输飞机零部件的转包生产和机体零部件分包研制生产两方面，小型通航企业在通航飞机整机、发动机、关键零部件、通航保障设备的技术开发、市场运作等方面缺乏经验。因此，辽宁省虽然在航空产业研发机构较多，但是目前与通用航空的紧密度不强，尚未有发挥出通用航空产业研发优势。

5.3.2.2 通用飞机制造链条供需缺陷

辽宁省具有塞斯纳、TECNAM、海燕650 C系列轻型飞机、HU2CS水上型和HU2CQ雪上型飞机、锐翔双座轻型电动飞机RX1E、增程型双座电动飞机RX1E-A等型号整机的生产能力。但沈飞集团停止生产塞斯纳飞机以后，由于其他企业飞机生产能力较小，辽宁省整机生产能力大幅下降。辽宁省内拥有一批飞机零部件生产厂家，由于批量供货和生产规模问题，大部分与军机、民用航空飞机和塞斯纳飞机配套，在其他型号通用飞机没有批量生产的情况下，与其他型号的通用飞机配套公司较少，特别是与电动飞机配套的企业更少。因此，虽然看似辽宁省航空产业基础较雄厚，但通用航空飞机的产业链条缺失，致使各通用航空总装企业一部分零部件自己制造，在不能规模化生产情况下成本较高，另一部分采用全球化采购的方式解决。

5.3.2.3 通用飞机制造规模小

我国通用航空产业起步较晚，体现在通用航空飞机制造业更为突出。2015年，全球通用飞机交付2331架，实现销售收入241亿美元，美国制造1592架，产值119.7亿元，占全球比重分别为68.3%和49.6%。而我国生产交付的通用飞机仅80余架。尽管近年来国际上生产交付飞机量比较稳定，我国交付量增长明显，但相比我国每年新注册的通用航空器增量来说，我国通用航空市场正不断被国外生产制造的通用飞机所渗透。从2009年到2016年，我国新注册通用航空器增长了3倍多，但国内企业生产交付的通用航空器只增长了约2倍。

据不完全统计，全球有超过150家通用飞机制造企业，主要的几家公司几乎占据了全部的市场份额。而国内目前通用飞机制造企业数量较少，较大的通用飞机制造商，包括中航工业旗下的沈飞、成飞、西飞、哈飞、石飞、洪都，其他还包括辽宁通用航空研究院、中信海洋、山东滨澳、湖南山河、北京科源、西安凤凰等国营及中小民营或合资企业。我国目前在册的全部国产通用飞机，仅仅是运-5、运-11、运-12、农-5及其他仿制机型，缺少像赛斯纳162、172、182、208，或者西锐SR20、SR22等系列畅销机型。

我国主要通用飞机及特点见表5.3。

表5.3 我国主要通用飞机及特点

公司名称	特点
石家庄飞机工业有限责任公司（简称"石飞"）	1~2座单发小型多用途飞机，用于运送旅客、跳伞训练、空中救护、森林灭火、地质探矿、空中摄影、农林植保、喷药播种等
陕西飞机工业（集团）有限公司	四发涡轮螺旋桨中程多用途运输机，用于空投、空降、空运、救生及海上作业等，有基本型、海上巡逻
哈尔滨飞机工业集团有限责任公司（简称"哈飞"）	轻型双发短距起落通用飞机

表5.3（续）

公司名称	特点
中航工业第一飞机设计研究院、石家庄飞机工业有限责任公司、中国民航大学	4~5座单发轻型多用途飞机，用于初级教练机、商务、旅游、农林牧渔业、环保监测、航空探测、摄影、航空俱乐部、私人等
中航工业特种飞行器研究所、石家庄飞机工业有限责任公司	单发六座轻型水陆两栖飞机，用于旅游观光、教育训练、体育娱乐、农林作业、航测航拍、救灾、水情观察、海洋监测和鱼汛侦察等
江西洪都航空工业集团有限责任公司（简称"洪都"）	单发螺旋桨农林飞机，备有喷洒液体和播撒粉状或颗粒物料等两种农业设备，用于播种、施肥、除草、农林业病虫害防治、森林防火等
	单发涡桨农林飞机，用于农田播种、施肥、除草、治虫、飞播造林、护林防火等，经改装，可兼顾治安巡逻、救灾指挥、航测航摄、影视制作、宣传广告等
中航工业直升机设计研究所、昌河飞机工业（集团）有限责任公司（简称"昌飞"）	多用途大型运输直升机，用于演习、航班、抢救病号、运送物资、抢险救灾等
中航工业直升机设计研究所、昌河飞机工业（集团）有限责任公司	单发轻型多用途直升机，用于基本驾驶技术飞行训练、勘探、护林、高压线路检修、施肥、灭虫、治安和交通管理等
哈尔滨飞机工业集团有限责任公司、中国航发南方工业有限公司等	可用于海洋权益监视、海洋环境保护、灾害监视、资源保护、联合执法行动、紧急救援行动等
沈阳飞机工业集团	与美国赛斯纳飞机公司合作生产的轻型运动飞机，用于飞行培训、私人娱乐飞行
山东滨奥飞机制造有限责任公司	可广泛用于旅游观光、私人乘驾、航空训练、边防巡逻、森林防火、勘察、救援等
席勒（中国）飞机制造有限责任公司	民用轻型直升机

表5.3（续）

公司名称	特点
九江红鹰飞机制造有限公司	5座民用直升机
辽宁通用航空研究院	2座运动类飞机，可广泛用于空中游览、航空拍照、体验飞行、航空培训
宁波东风飞机制造有限公司	2座轻型直升机
北京科源蓝鹰轻型飞机实业有限公司	有双座单驾驶观光机与双座双驾驶教练机两种，用于飞行训练、实验飞行、航空体育、喷洒农药、大气监测、防林护火、通讯联络、广告宣传、空中摄影、航空遥感等
西安凤凰飞机制造有限公司	通用飞机
哈尔滨飞机工业集团有限责任公司	用于客货运输、农林作业、搜索救援、旅游观光、公务飞执行、缉私缉毒、航空摄影等领域
湖南山河科技股份有限公司	2座运动类飞机，可广泛用于空中游览、私人乘驾、航空培训

在我国通用航空飞行器交付量总体不高的大环境下，辽宁省通用航空飞行器制造产业与全国情况相似，其规模较小。从表5.3中可以看出，在我国典型的飞机生产型号中，辽宁省仅仅包含了沈飞集团与美国赛思纳飞机公司合作生产的轻型运动飞机、辽宁通用航空研究院研制生产的翔锐电动飞机，但塞斯纳飞机目前在沈飞集团已经停止生产。其他型号如TECNAM、海燕650C系列轻型飞机、HU2CS水上型和HU2CQ雪上型飞机等，年生产能力仅为两位数，部分产品仅为个位数。因此，辽宁省通用航空飞行器生产总体规模较小。

5.3.2.4 技术水平、创新能力与产品竞争能力有待提升

目前国内通用航空产品方面，技术水平较高的为消费级无人机，以大疆为代表的众多无人机企业集聚于深圳无人机产业园。有人驾驶飞机和工业级无人机方面总体情况为：技术水平不足，产品缺乏竞争力。目

前,我国通用航空器使用数量最多的国产飞机是运-5,但运-5飞机服役多年,存在机型老旧、性能亟待改善等问题。符合适航标准的自主产品和关键技术还没有完全掌握,飞机质量欠佳,综合竞争力较低;直升机寿命只有国外的1/4,直接导致整机产品不能满足市场发展需求;发动机、核心系统等一些关键技术和产品基本依靠进口。很多机型研发设计及自主生产能力欠缺,特别是不具备先进、成熟、成系列的通用飞机设计生产能力。一些重点型号仍处于研制阶段,无法短期实现产业化。中航集团收购了西锐公司、万丰集团收购了钻石公司,技术引进消化吸收再创新还需时日,通用航空制造对外合作还是以引进总装线、在国内投资建厂为主,不能拥有知识产权。

辽宁省拥有众多研究机构,其技术研发能力如下:

(1)辽宁通用航空研究院建立了以院士为首席科学家的5个方向共15个创新团队,目前研发人员规模达到150人,有1万米^{2}通用航空研发大楼,具备国内一流的科研条件。先后自主研发锂电池电动固定翼无人机"沈鹰1号"、燃料电池电动固定翼无人机"雷鸟",以及我国首款、按照美国ASTM标准进行适航审定的锂电池电动双座轻型运动飞机RX1E,目前增程型电动飞机RX1E-A通过运行审定,正着手研究水上和四座电动飞机。

(2)辽宁壮龙无人机科技有限公司(以下简称"壮龙科技")自2010年起组建研发团队进行无人机基础技术研发,聚集国内著名航空院校及科研院所的优秀人才,所研发的壮龙系列无人机拥有完全自主知识产权和30余项技术专利。壮龙科技研制出多款不同载重和续航时间的飞行平台,可根据不同行业及客户需求进行产品定制。其中,农林植保行业产品"大壮"(CT 310)已实现量产,在新疆、黑龙江、内蒙古等区域投入使用;物流运输行业产品"邮易"(JW 100)已与京东物流签订合作协议,共同开发物流机型以开拓村镇物流市场,某型军用产品正在某军区进行投弹测试。

(3)九成通用飞机设计制造(大连)有限公司研发部下设8个专业科室:总体室、飞机性能室、结构强度室、动力室、设备构造室、电子电气室、制造检查室和适航质量室,并拥有完善的安全、适航管理、符合性方法验证及培训等体系。

（4）沈阳空管技术开发有限公司主要从事民航空管领域国产设备研发、生产及推广，涉及语音交换与传输、场监雷达、通用航空指挥服务、民航广域信息管理（SWIM）、语音通信（VoIP）及管制移交（AIDC）等多项产品。

以上研究机构所涉及产品，除沈阳空管技术开发有限公司的机场设备之外，其余飞机类产品处于起步阶段，均受到资金短缺的困扰，限制了科研活动、成果转化，同时在国内通用航空飞行器市场发展较慢和国外知名品牌的竞争下，智能制造和产能扩大方面受到限制，产品竞争力不高，品牌建设任重道远。

5.3.3 通用航空运营方面

5.3.3.1 市场需求有待进一步释放

辽宁省通用航空需求市场与全国状况相同。当前，我国通用航空产业尚处于起步阶段，与发达国家相比，通用航空消费疲软是产业发展滞后的原因。通航市场只有充足的供给却没有旺盛的消费，不能形成实质上的市场繁荣。目前国内通用航空飞行70%集中于飞行培训，其中大部分是为大型运输机培训飞行员，私照和通用飞行的培训仅占较小比例，侧面佐证了以上结论。通用航空器和通航企业的增长高于飞行小时的增长，说明存量资源大于市场需求，国内主流的公务飞行市场还没有启动。市场有效需求不足的最主要原因在于通航自身高成本以及有效需求规模化程度低，高成本必然会形成高价格，高价格必然很难被市场所接受，市场需求少，必然会进一步推高单次飞行的价格，这就形成了恶性循环。具体如下：①通用航空消费需求价格偏高，需求方难以接受。航空旅游、航空体育、飞行感受等领域由于受到天气、气候影响，每年飞行时间受到限制，特别是辽宁省地处严寒地区，飞行受到季节影响更为严重，飞行员及机组保障人员工资摊销、飞机折旧、机场和机库费用、航油和飞机维护费用等成本较高，因此市场价格高居不下。在价格较高、其他游乐项目替代功能影响下，市场需求明显不足。②飞行体验成本偏高，抑制了消费热情。由于空域原因，例如辽宁省法库机场，距城市2小时左右车程，来回路程的时间和费用偏高，抑制了体验人群数量，在消费人群较少不能形成规模效应情况下，机场附近游玩、消费的设施不够齐全，或者价格偏高，进一步提高了飞行体验成本，抑制了飞行市场需求。③对通用航空飞行存在观念上的认识偏差，例如认为公务机是奢侈性消费，这一观念抑制了政府机构和大型企业对公务飞行的需求，对通用航空飞机飞行安全状况不了解，抑制了航空体验的欲望等。④在作业领域市场，恶性竞争与市场封闭并存。在门槛较低、市场开放领域，众多商家竞争激烈，比如农用飞机的植保、民间摄影等领域。但部分领域市场存在封闭现象，如电力巡线、警用飞机等政府购买领域、海上石油、国土勘测、应急救援等。一方面说明市场的不完善性，另一方面说明市场中机型供给不能满足高端需求，供给和市场需求匹配度不高。

5.3.3.2 航空作业专业化有待进一步提高

从辽宁省近年来通航作业任务看，通航飞行大部分以农林飞行、公务飞行、航空摄影等为主，在工业航空（如航空探矿、航空遥感等）、医疗抢救、引航作业、空中游览、空中广告等方面作业较少。行业处于起步阶段，通用航空器的专业化水平不高，大多数通用飞机是多用途飞机。例如，农用飞机多是通用运输机改装的，承载量、飞行高度、飞行速度、起飞条件等都不适合恶劣的农业作业条件。在喷药作业方面，药剂的使用没有标准化，多是凭经验或参考地面喷雾确定药剂的使用剂量和配置方法，往往因为用量或配置不科学影响了作业质量。医疗救援不仅需要专业化直升飞机，同时需要飞机内部的专业化救援设备和专业化救援人员，目前辽宁省在这方面极为稀缺。这是由通用航空产业起步时期需求不足、供给相对过剩造成的，如果市场细分实现专业化作业，则作业量严重不饱满，成本难以回收，甚至通用航空企业无法生存。

5.3.3.3 对通用航空认知存在误区

辽宁省是航空大省，从事航空产业的人员较多，航空文化传播位居全国前列，沈飞集团的沈飞航空博览园、沈阳航空航天大学每年接待众多游客和中小学夏令营，为航空文化传播起到重大作用。尽管如此，多数人对航空的了解限于军用飞机和民用大飞机，对通用航空知识了解较少，甚至不知道通用航空包含的范畴；认为通用航空飞行存在严重的安全隐患，心里恐惧不敢尝试飞行；认为私人飞机和公务机是奢侈品的象征，从未想过购买；认为航空旅游、航空救援等距自身遥远；在农林作业、工业航空、勘测等领域并不是第一时间想到使用通用航空飞行器作业；等等。以上种种现象说明，虽然辽宁省航空文化传播程度较好，但对通用航空认知仍存在较大误区，给通用航空需求市场的发展带来巨大影响。

5.3.3.4 机场数量不足与使用不充分并存

辽宁省目前有通航机场13个，其中5个机场持有通用机场使用许可证，其余均为农林生产用通用机场。机场数量远远不能满足通航农林作业、紧急救援等作业的需求，更何况各机场条件不一，有的跑道道面风化严重，面临废弃的结局或已被废弃，更缺少适应空域开放的配套保障措施。沈阳法库财湖机场虽然享受了低空空域开放的试点政策，但由于不能跨机场飞行，飞行线路没有形成点对点，更不能形成机场之间的网络连接，因此不能推动通航运营服务的全面铺开。由此，辽宁机场状况为总体机场数量少与现有机场使用不充分并存。

造成通用机场短缺的原因较多，但有两个原因是不可回避的：一是机场建设上的严格审批制，在通用机场的准入方面，军方的审批是难以逾越的环节，且周期长，环节多，协调难度大。审批内容几乎覆盖了通用航空的所有核心环节，包括机场选址、机场空域、起降点、进离场航线等。二是通用机场只能按照运输机场进行审批和建设。首先要符合依法制定的民用机场布局、建设规划和民用机场标准，其次要报经有关主管机关批准。在通用机场工程的规划与建设上，参照运输机场的规定。

5.3.3.5 机型分散，航材与维修费用偏高

辽宁省在册138架通用航空飞行器，含有不下30种机型，通航维修

发展需要直面的主要问题是现有通航机型种类复杂，单一机型机队规模小，企业维修能力有限。过多的机型不利于行业维修资源的共享和有效利用，也不利于行业内部的技术交流和合作，为通航维修业务的发展带来了严峻的挑战。与此同时，由于缺乏规模性，航材价格居高不下，机型的多样性也带来了维修的个性化，使得维修费用偏高。通航作业飞行的突出特点是作业类型多样，作业地点灵活多变，大幅增加了通航维修管理的难度，多数生产控制都是直接交给随机机组自己完成，在计划性维修执行的及时性和效果方面难以监督。

5.3.3.6 飞行服务保障能力欠缺

便捷化、低成本的飞行服务保障是通用航空发展的前提。东北地区拥有良好的飞行服务站，其中一家位于辽宁省法库县，从这个角度来看，辽宁省通用航空飞行保障位居全国前列。但现有的飞行服务站存在以下问题：一是服务申报流程不合理，飞行服务仍需要上报给军方和民航，存在军民航之间的协调困难等问题，飞行服务站便捷化的服务能力没有体现；二是可用于低空飞行的航图仍然没有出台，通用航空发展的基础保障欠缺。低空空域类通航飞行所使用的航空器种类多，具有机型小、速度慢、高度低等特点，机载通信、导航、监视设备落后，多数没有装备二次雷达应答机。通航作业区域通常比较偏僻，从机场到作业区域的进出飞行又需要空管部门提供管制服务，这些进出路线所经空域经常存在"看不见、叫不动"的现象。此外，由于民航气象服务的重点是保障运输机场和航路航线，通用航空飞行作业所需气象信息也存在获取困难的情况。

为通用航空提供服务的FBO集中在繁忙运输机场或运输机场周边的航空产业园区，造成了服务能力有限；没有形成具有良好的服务于通用航空其他业态的FBO体系，通用航空便利化的保障能力缺失。受限于地面保障和机务维修，难以向客户承诺通航快捷、灵活、高效。通用航空飞机维修服务大多数是由通用航空运营企业完成，有些送回飞机原厂维修。

缺乏针对低空领域的信息系统。目前，通航活动飞行情报信息的获取渠道主要依赖电话、传真等较为原始的手段，信息流通不畅，严重影响通航运行的效率。从监管层面上看，也需要从通航飞行管理信息平台获取用户提交的飞行计划信息、飞行动态信息、低空保障设备设施状态信息、通航企业和用户的资质和认证信息等，以便于对低空空域、通航活动进行有效监管和信息发布。

5.3.3.7 通用航空支持性政策仍需加强

通用航空产业处于起步阶段，在这一阶段，产业特点是：① 需求市场尚未充分培育，因此市场较小；② 供给方看到潜在需求，进入积极性较高，但是由于需求不够旺盛，因此普遍盈利性不高，甚至亏损；③ 新技术出现，但是有时市场发育不完善，创新成果较少，或者创新成果产业化受阻；④ 进入这一产业的企业由于刚刚起步，又遇到市场容量较小，因此多数缺乏资金。

面对以上情况，政府对于通用航空产业发展的支持性政策供给不足。例如：对于通用航空新技术、新产品，特别是代表未来发展趋势的新能源飞机，没有针对性的税收、土地、融资、项目、政府购买等方面的支持政策；对于从国外引进的新机型，在国内市场容量较小的情况下，没有对销售制定补贴政策，不利于企业开拓国内市场；没有鼓励金融机构开展通用飞机融资租赁和贴息等支持性政策；没有建立通用航空业与各个需求行业相连接的平台；没有将植保无人机列入农机目录并获得农机补贴，不利于尽快推广植保无人机的普及；等等。

5.3.3.8 专业技术人员严重短缺

飞行人员和机务维修人员都是通用航空产业发展中的主要专业技术人员，都是影响通用航空发展的关键因素。目前辽宁省内通航飞行员及机务员基本来自民航直属企业、军队转业人员以及私照飞行员。再加上通用航空的待遇远不如运输航空，部队飞行员的复飞审批困难重重，当前飞行员培训机构少且费用昂贵，使得飞行人员和机务维修人员长期处于短缺的局面。不仅如此，更是面临着专门从事通航设计的工作人员、行业管理人员、通航运营管理人员人力资源短缺的局面。

6 影响辽宁省通用航空产业发展路径的因素及产业发展路径设计

6.1 通用航空产业现代化发展要求

产业模组化纵向网络的运作逻辑是一种产品的生产、交换、流通、分配等环节被"片段化",各个"片段"需通过链式集合后才能形成最终产品。因此,辽宁省通用航空产业现代化需要从产业链视角下进行界定。价值链决定了产业链和供应链,提升产业链供应链现代化水平是推进产业链供应链向高附加值延伸、强化产业在全球价值链各环节的增值能力、实现其在全球价值链的地位升级的过程。

辽宁省通用航空产业现代化要适应三大要求:一是通过提升创新能力、提高附加值,提高可持续发展能力适应高质量发展要求;二是增强产业韧性,提升产业安全可靠性,提高产业应对极端冲击的能力和水平;三是要提高产业链的数字化能力和水平,适应新技术革命中各要素之间分离与组合更为自由的要求。

(1)提升创新能力。一段时间内,实现创新驱动的内涵型经济增长,可以通过引进技术的方式实现,但任何一个产业都不可能通过技术引进的方式来长期支撑增长。一个产业离国际前沿技术越近,靠引进技术方式实现内涵型经济增长的可能性越小,对通过自主创新的方式实现内涵型经济增长的需求就越大。目前国内通用航空飞行器和机载设备大部分依赖进口,少部分国外品牌通过国内企业跨国收购的方式获得技术,并在国内销售,但比重较小。沈飞集团终止塞斯纳飞机整机批量生产合作之后，辽宁省没有通用航空载人飞机大规模机型的生产。新能源飞机方面，辽宁通用航空研究院研发、辽宁锐翔通用飞机制造有限公司生产的锐翔系列电动飞机代表着我国新能源飞机水平处于国际领先行列，但销量较小，尚不能批量生产。辽宁省航空科研院所、高校、大型航空企业研发机构组成的创新资源在全国处于前列，创新潜力巨大，在通用航空领域有待进一步开发。

（2）附加值更高。伴随我国人口红利的变化，劳动力优势不再明显，低附加值的经济活动受到其他发展中国家的竞争压力，传统的参与全球产业分工的方式面临巨大挑战，对此，必须通过进入产业链供应链更高价值的环节加以应对。辽宁省拥有120余家企事业单位从事航空器及零部件生产、设计开发、服务和运营，沈阳空管技术开发有限公司研发与生产的空管设备在国内具有较大影响力，除此之外在通用航空方面领军型企业缺乏，多数中小企业并没有自身品牌，也不掌握核心技术，多从事大型企业配套零部件生产、机场服务、通用航空飞机维护维修、飞机销售、农林喷洒、巡航防火、摄影服务、航空培训、医疗救援等，附加值有待于大幅度提高。

依照通用航空目前发展水平，该产业需以国内大循环为主体，在产业发展初期，市场潜力巨大但未释放，随着低空开放、航空文化普及、收入水平提高，通航航空内生需求潜力得以释放，国内市场规模将迅速增长。目前辽宁省有利因素在于：①辽宁省为第一批低空开放试点省份；②辽宁省航空文化较为浓厚。不利因素在于：通用航空终端市场需要高收入作为支撑，而近年来辽宁省乃至整个东北地区经济发展速度不尽如人意。

（3）更加数字化。产业数字化和数字产业化可缩短上下游企业间的信息距离，可促进生产要素投入与市场需求的精准对接，实现产销者一体化；数字化可推动人、设备和系统等要素的连接，可形成新的企业价值创造链；可将大量隐性知识显性化，压缩企业间技术、知识交流的时空距离。辽宁省航空企业数量较多，科研机构与高等院校实力较为雄厚，加快通用航空产业数字化和数字产业化，能够避免科研机构之间以及科研机构与企业之间形成信息孤岛和信息断点，增加科研机构之间合作机会，有利于关键技术攻关成功率和研发速度提高，同时能够促进技术需求与科研机构能力对接，加强需求引导下的科技创新。

通用航空产业发展初期市场发育不完全，由于航空文化尚未普及，需求方对航空作业了解不深，加之航空作业专业性强，使得在本来市场规模较小的情况下服务供给方与需求方信息严重不对称，进而阻碍了产业发展。辽宁省需鼓励通用航空产业数字化，打通信息流的堵点，形成协同创新与供需精准对接的良性环境。

（4）更加可持续。要求产业实施包括绿色创造、绿色设计、绿色采购、绿色制造、绿色流通、绿色金融、绿色消费、绿色管理等在内的全生命周期绿色可持续发展。航空领域各个国家纷纷布局新能源飞机的设计与研发，在我国新能源飞机研究方面，辽宁通用航空研究院走在前列。目前由辽宁通用航空研究院研发、辽宁锐翔通用飞机制造有限公司生产的新能源飞机包括：新能源双座通用飞机RX1E、RX1E-A增程电动双座飞机、RX1S电动水上飞机和RX4E四座电动飞机机型。因此，在航空产业的可持续性方面，辽宁省走在全国的前列。

■ 6.2 影响辽宁省通用航空产业发展路径选择的因素

汉弗莱和施密茨将经济升级分为工艺升级、产品升级、功能升级和链条升级或产业链间升级。工艺升级、产品升级、功能升级和链条升级或产业链间升级，主要受要素禀赋升级制约；终端需求规模的扩大和需求在质量与功能方面的升级，推动了市场规模的扩大、市场进入标准的提升、质量要求更高的市场升级；融入价值链，主要受区域产业布局和全球价值链的治理结构的制约，属于产业组织的因素。因此将从要素禀赋、终端需求、产业组织三个方面分析影响辽宁省通用航空产业发展路径选择的因素。

（1）终端需求因素。终端需求分别从终端需求的质量、数量以及生产性服务投入与制造投入互补效应拉动终端需求，驱动产业现代化水平提升。①需求质量是产业转型升级的重要动力。通用航空飞行器在终端市场作业更为专业、作业质量更高的要求引导下，倾向于通过创新飞行器性能、专业化作业部件，从而最大化地满足终端消费者的效应水平。产业链上下游环节存在正向关联效应，需求的高端化通过通用航空运营企业传递给飞行器整机制造企业，由整机制造企业向上游逐级传递，由此，飞行器及工作部的零部件制造、设计、研发及材料领域通过转型升级提供质量更高、种类更多的资本品和中间品。因此，终端需求将通过最终品生产企业和产业链供应链上游企业联动，共同提升产业现代化水平。②需求规模是推动通用航空产业发展的关键因素。从规模收益来看，市场需求的规模越大，越可能实现规模经济，降低产品成本，提高要素回报率；从创新收益看，需求规模越大，内部市场的潜在获利空间就越大，就越有可能更快地获得创新补偿，为创新活动提供激励；从市场竞争程度看，需求规模越大，越有可能催生较多的微观主体进入市场，竞争越激烈，更为激烈的市场竞争使企业倾向于通过高质量创新产生"竞争逃避效应"获取事后垄断收益。目前，国内通用航空市场规模尚未释放，供给方对市场具有较好预期，国家与地方不断出台鼓励性政策，市场培育成为关键。③需求互补是促进产业链深度融合的新型渠道。以价值共创为理念引导，通过推动消费终端、生产性服务业与制造业深度融合发展，促进终端消费者、研发设计、金融服务、商务服务、通信技术等服务要素与制造业产品相互嵌入，实现"消费者+金融服务+运营服务+制造商+设计研发"等产业链环节高效协同，将消费者需求与运营服务市场趋势引入飞行器设计与制造的核心环节，更大程度地丰富最终消费者的体验以提升其效用水平，进而降低消费者需求价格弹性，发展航空保险、航空器融资租赁等金融业务，推动新业态、新模式实现产业转型升级。

（2）要素供给。根据新结构经济学，禀赋结构与生产结构互为累积因果关系。禀赋结构与生产结构通过相互累积的因果关系不断推动结构变迁，进而推动经济发展。任一经济体在禀赋与禀赋结构供给给定前提下，如生产结构符合禀赋结构决定的比较优势，则其最具竞争力，能创造最大经济剩余，积累倾向最大，禀赋结构升级最快；同时，要素禀赋结构的变化反过来会推动产业链供应链结构变化，二者形成互为累积升级的因果关系。

信息技术的快速发展降低了禀赋结构的变化黏性与路径依赖。彼得·迪肯在分析全球产业分工的变化时强调，克服时空障碍的交通和通信技术等压缩时空技术的发展，使得要素流动性增加，产业链供应链结构所对应的原有禀赋结构因此也发生了变化。信息技术的发展，使得产品在空间上变得越来越可分离，不同生产工序和区段上要素和规模支撑条件可更好地进行适应性调整，要素可进行新的分割、组合，形成新的禀赋结构。

通用航空产业属于典型的技术密集型产业，依靠技术进步推动产业发展，对于技术进步，人力资本相比于物质资本能起到更重要和更超前的作用。人力资本状况决定其技术吸收能力和知识扩散能力。辽宁省是航空类人力资本具有明显优势的省份之一，雄厚的航空人力资本储备为吸收国内外先进技术提供了先天优势，可以实施适度超前的技术选择战略，但在传统通航航空飞行器设计与制造领域没有得到发挥，在新能源飞机的设计与研发方面得到了体现，但由于目前新能源飞机市场尚待进一步开发，因此未能批量生产，生产领域人力资本未能充分利用。

辽宁省诸多航空零部件企业并没有核心技术与自主品牌。目前国内劳动力供给不足和劳动力成本上升成为常态，劳动密集型产品受到其他发展中国家"挤压"，高端制造与技术领域受到发达国家"挤压"。在"双重挤压"下，辽宁省如何利用自身人力资本优势和技术储备实现突围成为航空产业发展路径选择中考虑的重要因素。

产业组织因素。区域产业空间体系是产业链载体。产业在空间区域与产业链条层面存在多维度嵌套。

空间区域层面上既涉及不同区域经济板块的宏观统筹调控，也涉及区域内部的产业组织构建。从国内航空产业来看，辽宁、陕西、四川为航空大省，具有雄厚的航空产业基础与航空文化，三个省份在通航航空发展方面应坚持错位发展的策略，避免资源重复性投入和市场恶性竞争。区域内临近效应，包括地理临近、制度临近、社会临近、组织邻近与企业文化临近等能有效推动企业，特别是上中下游企业间形成更为紧密的关系。辽宁省内沈阳市、盘锦市和朝阳市通用航空产业走在前列，辽宁省应加强统筹规划，发挥省内集群之间在产业链中的协同优势。

产业链供应链则可视为企业间信息、知识、社会关系等各类"流"的集合。全球产业分工体系的变化是推动一国产业链供应链现代化的重要力量。分工可节省工作改换发生的费用；可节省原材料，增加工具的利用率，有利于机器的发明和应用；可节省学习费用，增加积累知识的能力；等等。企业可以通过参与全球产业分工而获取新的竞争力和技能。参与全球产业分工的贸易和生产体系，企业可通过"用中学""干中学"等提高技术水平，通过逆向技术溢出效应促进母国技术水平的提升，从而帮助本国企业在全球价值链中升级和优化。辽宁省通航航空产业应追求高起点，充分运用大数据、云计算、物联网，研究全球通用航空产业链条，根据自身优势确定嵌入环节，从而打开要素与资源的投入源头，开拓全球通用航空产品市场，规避国内市场容量尚未打开带来的风险和制约。

6.3　辽宁省通用航空产业发展路径设计

辽宁省通用航空产业发展总体思想是：瞄准需求趋势，充分利用要素优势，合理规划产业布局。市场需求是拉动产业发展的根本因素，市场需求的快速扩张决定了产业规模的增长速度，市场需求的潜在变化与需求升级决定了产业发展方向并倒逼产业升级。要素禀赋是区域产业发展的基础，要素禀赋结构决定该地区要素相对价格，进而制约产业发展路径的选择，产业发展符合要素禀赋结构，则回报率高，产业竞争能力增强，反之回报率较低，竞争能力下降。产业规划与布局从顶层设计角度影响了要素在空间结构和产业链环节上的分布情况，同时也会影响禀赋结构的变化，产业规划和布局合理，则促进要素在区域空间和产业链上的分布合理性，合理的要素分布避免了恶性竞争，促进要素之间的协同，增强了要素使用效率，进而提高要素回报率，吸引要素跨区域、快行业流动，使要素禀赋更为合理，促进产业良性发展。

辽宁省通用航空产业发展路径具体为：① 紧盯国外主流通用航空飞

行器市场需求和国内通用航空发展的潜在需求趋势,通过合资或并购引进国外有一定影响力的飞行器制造品牌,整合国内航空技术优势,在传统通用航空飞行器方面走"借船出海"路径,率先进入国际市场。通过技术溢出效应与"干中学"效应,实现技术引进—吸收—再创新,建立国产品牌,提前布局国内市场,等待国内通用航空市场潜力的大幅度释放。②新能源通用航空飞机已经达到国际先进技术水平,但仍不成熟,应走"自主创新、弯道超车"的路径,整合国内科技力量,争取国家政策支持,率先突破关键技术,打造国际知名品牌,打开国际新能源通用航空飞机市场,瞄准新能源大飞机进行技术延伸,打造新能源飞机创新基地。③航空零部件方面走"依靠技术创新,专业化与规模化相结合"的路径,在中美贸易摩擦升级、部分关键航空零部件产品进口受阻的当下,应鼓励企业与科研单位共同攻关,瞄准国内外军用飞机、民用大飞机、通用航空飞行器及飞行装备,使一批企业掌握航空零部件及飞行装备关键技术,在核心竞争力方面提升专业化水平,打造自身品牌,在国内国外双循环宏观背景下,扩大国内外销量,实现规模化生产,进而降低成本、增强创新能力,带动区域集群式发展。

要素禀赋与通用航空产业发展路径相互契合。技术创新方面,辽宁省在航空领域有实力雄厚的科研院所、高等学校、企业科研单位,具有很强的科研能力,辽宁省应打造科研平台,形成联合攻关机制,并通过省内科研单位联合省外研究机构,以解决新能源飞机、传统通用航空飞机、航空零部件和飞行装备关键技术问题的项目为载体,强强联合,揭榜挂帅,形成举全国科研力量为辽宁省所用,打造新能源飞机创新基地,并为传统通用航空飞机与航空零部件提升核心竞争力提供技术保障。在人力资本和物质资本方面,辽宁省有丰富的航空产业工人,其中不乏高级技术工人,这为技术密集型的航空产业发展提供了坚实基础,也为吸引域外企业落户辽宁省提供了先决条件。由于近年来整个东北地区经济发展速度下滑,辽宁省吸引资本的能力不强。目前辽宁省营商环境有了很大改变,随着对营商环境改善的持续发力,必将资本引入辽宁省航空产业。

产业空间布局与产业链嵌入助力通用航空产业发展路径实施。空间布局方面，目前辽宁省沈阳市、盘锦市、朝阳市通用航空产业发展较快，其中沈阳市通用航空产业重点分布于沈北新区、浑南区和法库机场三个区域，辽宁省在空间布局中应加强规划，从顶层设计入手，进一步明确各个区域发展重点，保障资源的有效利用，而并非相互竞争，重复建设和资源浪费，进而形成相互补充，分工合作彼此协同发展的格局。① 沈北新区以发展新能源飞机及其配套零部件产业、无人机、航空材料及军用飞机零部件为主。② 浑南区以发展民用大飞机、支线飞机以及零部件、民用航空发动机、传统通用航空飞机及其零部件为主。③ 法库县以发展航空培训、航空展示、通用航空作业、航空体验与航空旅游观光、机场服务、通用航空飞机 FBO 服务、飞机及零部件展示与销售为主。④ 朝阳市重点发展航空培训、机场服务、通用航空运营保障、通用航空维修与保养、飞机租赁、飞机展览、地面服务与保障、公务机运营、通航飞机改装等产业。

产业链嵌入方面，新能源飞机已经处于国际先进行列，由于整体技术尚不成熟，因此需要通过零部件全球采购，紧盯世界前沿技术的动态，并通过对国际前沿技术的感知能力和需求变化，确定关键技术环节攻关方向，进而提前布局新能源飞机零部件产业，取得先入优势。鼓励辽宁省航空零部件产业中的领先企业通过两个途径嵌入国际航空产业链：① 通过为引进的具有国际影响力的通用航空飞机进行配套，随着通用航空飞机整机进入国际市场。② 寻求为军机配套和国产大飞机、支线飞机配套机会，倒逼企业技术创新，加强技术积累与产业数字化背景下的管理创新，结合辽宁省人力资本丰富的优势，在提高产品质量的同时降低产品成本，依赖自身竞争能力，直接进入国际市场，展开与知名企业竞争，通过"出口中学"进一步提升自身竞争力。利用新能源飞机及零部件领先企业，引进通用航空飞机知名企业、领先的航空零部件企业，引领上下游中小企业发展，形成辽宁省航空产业集群式发展的态势，并进一步打造辽宁航空区域品牌，形成辽宁航空产业发展与创新基地。

 辽宁省通用航空产业网络演化模式分析

一群各自拥有独特资源，也相互依赖对方资源的企业组织、学术机构、中介机构、政府组织等，通过社会网络资本，凭借专业分工和资源互补等合作关系，在要素投入、生产制造和销售管理等方面进行互动形成产业网络。它是一种介于市场与企业之间的资源配置方式。产业网络的演化过程体现了一个产业成长过程，产业网络形成之初也正是产业发展初期，市场容量较大，产业网络内资源丰富，网络内企业数量增加和企业规模发展，使产业网络内部形成内在制度或规则，保持着企业间关系的平衡，此时产业进入快速发展期。随着企业经营活动的频繁和竞争的加剧，网络内资源变得越来越有限，原有相对协调的网络内部关系变得不再协调，产业网络内部的制度安排不再有效，企业的进入和退出加剧，网络内的资源将重新组合，企业从代内发展转为代际飞跃，整个产业网络实现升级或重构，整个网络又将从无序走向有序状态，从而实现产业的优化升级。

7.1 产业网络演化与模式

7.1.1 产业网络演化的微观机制

产业网络由三大要素构成：行动者、行动和资源。产业网络中行动者进入和退出行为与产业网络整个系统中给行动者提供的外部环境变化

构成了产业网络演化的微观和宏观动力。在产业网络的三要素中,行动者是产业网络的主体,它不仅包括供应商、生产商、销售商、运输商、消费者、生产性服务部门等,而且包括政府、协会、研究机构、教育和培训组织等;行动是行动者之间进行物质资源加工,物质、资本、技术和信息资源流动的过程,在流动和加工过程中伴随着产品价值的增值与价值链的形成;资源包括物质资源(原材料、中间产品和最终产品)、金融资产、人力资源、技术创新和信息资源等,在更广泛的意义上,行动者之间的关系也形成一种资源,即社会网络资源。

产业网络的三个要素相互联系,缺一不可,它们自身也形成网络。行动者是完成行动和掌握资源的主体,它们通过行动发展相互关系,构成网络;行动是行动者将资源进行加工和交换的表现形式;资源是行动者完成行动的承载物,资源的增加是行动者行动的目的。

学者张丹宁、唐晓华将产业网络的行动者分为价值链主体和产业生态主体,前者是在产品价值链上行动,并使资源增值的企业群体(包括供应商、生产商、销售商、运输商、消费者、生产性服务部门等),后者是为企业提供各种服务和支持,从而创造具有良好产业环境的组织和机构。李守伟、钱省三等将价值链主体的各种联系分为实关联和虚关联,前者包括产业链、服务链、资金链、技术链、人才链等,后者包括知识链、信息链等。

从分类标准来看,价值链主体成为产业网络中的核心,价值链主体的数量决定了产业网络的规模,其实关联和虚关联的紧密程度决定了网络的活跃度,总体技术水平和竞争能力决定了产业网络的生命周期阶段。在市场经济条件下,价值链按照供求规律来运行,具体到产业网络的价值链主体中,供给由生产商完成,消费由消费者来决定。厂商与消费者是价值链主体的核心,决定产业网络的规模和层级。以下围绕生产厂商和消费者就产业网络演化的微观机制展开探讨。

在产业网络的演变过程中,消费者的需求行为变化起着重要作用。需求的增加,为厂商创造了盈利机会,大量厂商进入产业网络,产业网络规模增大。消费需求结构的不断升级推动着产业结构向高级化演进,也使产业网络不断演化。从纵向看,消费者处于产业网络价值链末端,决定着产品价值实现和价值链增值过程是否成功。从这个意义上讲，消费者的需求导向决定着产业网络演化的方向。

近年来，我国居民的需求结构是不断升级的。自20世纪80年代初中期开始，居民在吃、穿等基本需求得到满足后，对家用电器等耐用消费品的需求迅速增加，使家电类产品供不应求，从而强烈地刺激了家电产业的投资和发展。从20世纪90年代中后期到21世纪初期，居民消费结构再次出现升级，在彩电、冰箱等传统家电不断升级换代，依然保持较快增长的同时，计算机和通信等需求领域以更高速度增长，从而推动了电子、通信、互联网产业的高速增长。近10年，居民消费结构又出现新的升级，由普通的物质需求向高档物质需求以及精神需求的满足转变，从而使房地产、汽车、高铁、现代物流、电子商务、航空（包括民用航空和通用航空）、教育培训、旅游等产业成为新的高增长产业。可见，消费需求导向显著地决定着产业网络及产业结构的演化方向。

在一个新兴产业形成的初期，市场容量较大，产业网络内资源丰富，产业网络的形成主要表现为纵向产业链的发展，表现为产业内社会分工结构的形成，各种行动者厂商数量的不断扩大，围绕价值链的服务体系逐步形成和发展，网络内部形成内在制度或规则，保持着企业间关系的平衡，网络的内熵得到改善。随着产业中的横向关系逐步延伸和扩大，企业经营活动频繁和加剧，网络内资源变得越来越有限，企业间的竞争变得越来越激烈，产业网络的内熵为正并开始增加，产业网络开始产生内部损耗。当资源进一步变得匮乏，市场也开始饱和，此时如果网络内企业通过技术进步研制出新产品，开拓新市场，实现了代际飞跃，网络内的资源将重新组合，产业网络的内熵和外熵都将变小，整个网络又将从无序走向有序状态，实现升级或重构。企业如果没有办法通过技术创新改变原有低成本竞争状态，产业网络的内部损耗将会进一步加剧，大批企业将在竞争压力下不得不退出网络，相应地产业网络也会出现萎缩。

7.1.2 产业网络演化的动力系统

产业网络的系统动力学行为是网络内局部节点行为相互作用和相互

影响的涌现。产业网络中节点之间存在物质、资金、信息、技术、知识和人才流，在这些因素的作用下，企业的绩效会发生变化。产业网络的演化过程可以看作产业网络中企业绩效的动态变化过程，它随着产业吸引力的变化而同向变化（虽然也存在相对的滞后）。也就是说，当产业吸引力强时，企业获得高绩效的概率较大，企业进入（包括新建和扩建）；当产业吸引力减弱时，企业获得高绩效的概率变小，企业退出网络。

如图7.1所示，产业网络演化的动力系统中正反馈回路由五个子回路构成。回路一（供求回路），产业网络发展初期，由于资源丰富，竞争压力小，企业纷纷进入，初期进入企业首先在纵向价值链上"抢占先机"，随着企业的不断进入，分工开始细化。在这个阶段，由于市场竞争不够激烈，行动者为了快速积累和利用产业网络资源，他们之间以协作为主。企业在细化的分工环节上专业化程度得到较大提高，产品成本下降，多样化程度加强，进一步吸引需求量的增加，市场需求巨大空间使得该产业吸引力进一步放大，吸引新的企业进入网络中。回路二（要素回路），企业的进入给产业网络带来了更多的资本，同时就业机会的增加，吸引大量的产业工人进入网络，企业的增多使企业之间、企业与政府之间、企业与科研机构之间形成的社会网络资源不断增加，总体上表现为产业基础变得雄厚。产业具有聚集的特性，相似产品或服务的组织产生聚集，从而导致更高级的产业集群、战略联盟等，产业的集聚过程就是企业不断进入产业网络的过程。回路三（服务回路），从社会网络资源角度讲，相互交流是厂商间活动的基础，包括产品和服务的交换、信息和技术的交流，从而利用网络的聚合效应，享受"网络的外部性"和规模报酬。行动者自身处理与网络中其他行动者的关系需要付出较高成本，这时专门处理产业中各种关系的产业合作组织可以发挥重大作用。一方面，合作组织可以协调产业链中行动者之间的商务关系，促进商务关系的快速建立和产品价值实现的快速完成，加快资源的交流活动；另一方面，产业合作组织能有效避免企业之间的恶意竞争、增加企业之间的合作与协同。因此，作为生产性服务业的合作组织，能够降低产业网络中企业的交易成本，提高资源效率，增强企业对环境的适应性，提高盈利能力，进一步吸引新企业进入。回路四（创新回路），随着网络内部企业数量的

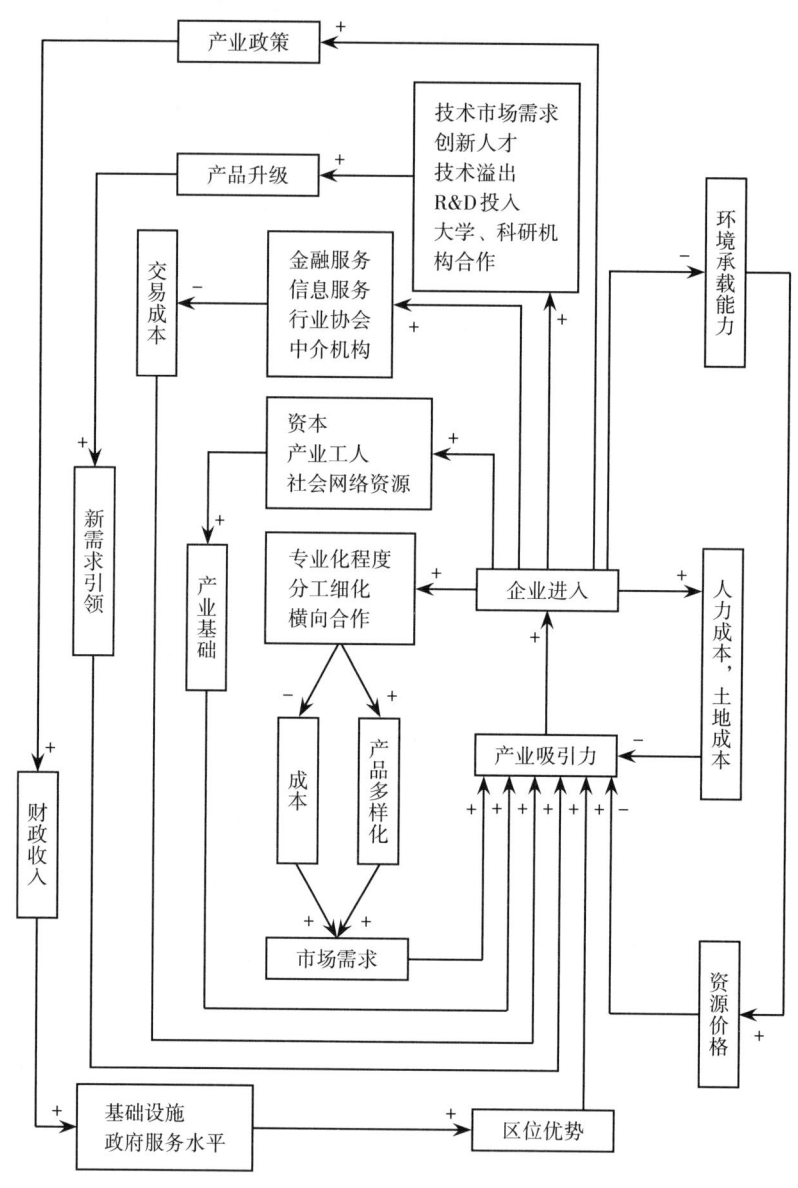

图7.1 产业网络演化动力系统

增加，竞争趋于激烈，为了避免低水平竞争，实力较强的企业多实施差异化战略，寻求技术上突围，通过与大学和科研机构协同创新、增加自身R&D（研究与开发）投入、培养和引进创新型人才、技术市场购买专利和通过技术溢出向竞争对手学习等手段实现创新，使自身产业实现升级，从而引领新的需求方向，创造新的需求空间，客观上推动产业网络的整体升级。回路五（区域环境回路），产业规模的呈现，受到政府关注，制定相应的产业政策来规范产业良性发展，刺激产业规模增大和产业升级，产业的发展为地方政府带来充足的财政收入，从而有条件改善基础设施硬条件，提高政府管理水平和服务能力等软实力，形成明显的区位优势，进而吸引更多企业加入。

产业网络演化的动力系统中负反馈回路由两个子回路构成。一是要素成本负反馈，企业在同一区域集聚引起对要素需求的增加，要素价格上涨，从而增加了企业使用要素的成本，成本的增加降低了产业网络的吸引力，阻止企业的进入，在企业利润下降的情况下，甚至引起大批企业离开网络。二是环境承载能力负反馈，企业的集聚使环境的承载能力下降，造成环境污染、资源过度开发、交通拥堵、资源价格上涨等连锁反应，增加企业运营成本，降低产业网络的吸引力，从而阻止企业进入。

7.1.3 产业网络演化模式分析

从对价值链驱动的主导因素角度可以把产业网络演化分为生产者驱动型和购买者驱动型。生产者驱动型网络在价值链上往往是以大型企业为中心，来协调价值链各环节的经济活动。这种产业网络链常常在资本密集和技术密集型产业形成，如汽车制造、飞机制造、机床行业等，关键技术和R&D能力掌握在大型企业中，这些大型企业在价值链中占支配地位，众多中小企业在零部件方面为大型企业配套，形成轮轴式产业集群，这类产业网络中大型企业技术的代际飞跃决定了产业升级，但如果技术不能实现代际飞跃，则产业网络不断萎缩。购买者驱动型网络，往往是以小型商品和投资规模较小的轻工业产品为主，例如，服装、鞋帽、玩具、陶瓷、手工艺产品等劳动力密集型产业。在这类网络中，众多中小型企业集聚在一起，形成卫星式产业集群，在集聚区域形成商品集散地，由市场需求驱动产业网络的发展。在企业集聚区，企业按照区域内根植性文化来行动，依靠行业协会来规范企业竞争行为，政府建立研发机构、检测平台并引导网络的发展方向。

从产业组织视角可以把产业网络演化分为自组织形式和他组织形式。自组织形式是企业在市场需求的拉动下自发集聚，反映了市场的演进过程是一个自发的过程，通过市场机制自发调节实现资源的最优配置。在产业网络自组织体系中，各个行动者在自身利益最大化原则的驱动下，从事产品的生产和交换。价格信号反映了资源的稀缺程度。在其引导下，进行着资源的自动配置和资本的自由流动，最终实现资源的最优配置，决定着产业网络的演变方向。他组织是在外部条件作用下进行组织而形成的有序结构，通过他组织形式，可以有目的地培育一些新兴产业，引导企业进入或退出产业网络，也可以使产业网络中行动者之间的关系得以加强，关系更加紧密，起聚集作用的组织者最终目的就是加强所组成网络中行动者的关系，对产业网络关系的演变起到催化剂的作用。

产业网络是一个复杂系统，其演化并不是严格遵循某一种模式，具有复杂性和复合型的特征。生产者驱动型产业网络往往在形成过程中他组织的特点比较典型，政府通过招商，吸引一批中小企业为已落户本地的大型企业配套，同时由政府主导中小企业之间，以及中小企业和大型企业之间建立紧密的网络关系。购买者驱动型产业网络自组织的成分较多一些，由于产业进入门槛低，中小企业数量较多，而且进入网络较快，这些企业能够根据市场需求的变化迅速做出调整，适应环境的能力较强。后期需要通过政府部门的科技投入帮助企业与科研机构合作，实现产业的规范化和产业网络的升级。

7.2 辽宁省产业基础与通用航空产业链条耦合性分析

从产业链分工角度看，通用航空整条产业链分为研发设计、制造、销售与服务、运营与使用、运营保障与服务五大环节，制造环节又可分为原材料供应、零配件与零部件生产、总机装配三个小环节。产业链涉及研究开发、高端制造、冶金化工、先进材料、电子信息、仪器仪表、新能源、建筑材料、基础建设、人员培训、物流、贸易、维修维护、金融服务、旅游、农林、防火防灾、医疗救护、资源勘探等各个领域。从通用航空产业链构成来看,可以将价值链分为通用飞机制造和通用航空运营两个阶段。在通用飞机制造阶段中,核心部件制造和飞机总装是核心,上游是零配件制造、下游是销售,前端是设计、后端是试飞;通用航空运营阶段,包括直接运营、人员培训、机场服务、MRO(维修、修理和大修)、飞机加油、气象信息通报、航线申报服务等,保证飞行安全和保持飞机性能。

从飞机研发和制造环节来看,作为制造业大省,辽宁省具有较完备的制造业结构,装备制造业涵盖了全部子行业,强大的装备制造产业基础为通用航空飞机的零配件、零部件配套提供了条件。辽宁省经过多年发展,形成了较完善的航空航天科技研发制造体系。在设计研发方面,中航工业沈阳飞机设计研究所、中国航发沈阳发动机设计研究所和中航工业沈阳空气动力研究所,以及沈阳航空航天大学、大连理工大学等高等院校,从航空器设计、推进器和气动力布局方面,共同形成了辽宁省航空研发体系。在飞机总装和核心部件制造方面,被誉为"中国歼击机摇篮"的沈飞集团是中国创建最早、规模最大的现代化歼击机设计、制造基地,具有强大的生产、开发、制造和技术创新能力。沈阳黎明被誉为"航空涡轮喷气发动机的摇篮",曾制造我国第一台航空涡轮喷气发动机、我国第一台具有完全自主知识产权的航改燃机、我国第一台具有完全自主知识产权的航空发动机,企业拥有员工17500余人,其中技术技能专家1300余人,拥有国家级企业技术中心。除两个核心企业之外,沈阳兴华航空电器有限公司、沈阳航天新乐有限公司、沈阳航天新光集团公司、沈阳航天新星机电有限公司、辽宁美托科技有限公司、沈阳铸航科技有限公司等能够为飞机制造提供配套的零配件和零部件研发和生产。

从通用航空运营环节来看,在2010年发布的《关于深化我国低空空域管理改革的意见》中,辽宁省被确立为低空改革深化试点区域。以此为依托,辽宁省开始了通用航空发展道路,建设国家级的航空产业基地——沈阳国家航空高技术产业基地,地方航空产业园4个,分别是朝阳通用航空基地、大连通用航空产业园、盘锦通用航空产业园和沈阳法库通用航空产业园。2012年,沈阳法库财湖机场获批成为国家低空空域改革试验区,机场现有的相关配套设施已在全国通用机场中处于领先地位。

财湖机场采取了政府主导、市场运作、综合监管的通航运营管理模式，组建了机场管理公司。机场能够承担空中管理、通信导航、地面保障、气象服务等业务。半径达10千米的低空试点报告空域及航空服务站、完善的服务系统足以满足通用航空飞行需求，机场软硬件环境在通用机场中国内领先、国际一流，目前已成功举办八届国际飞行大会，成为中国通用航空产业发展的示范区。目前辽宁省通用航空运营企业18家，业务涵盖机场管理与建设、飞机销售与维修、航材供应、飞机托管保养、飞行包机与飞行作业、飞机驾驶员培训、飞机技术与性能交流平台、飞行知识与行业信息交流平台等领域。由此可见，辽宁省产业基础与通用航空产业链条高度耦合，具有发展通用航空产业得天独厚的优势。

7.3　辽宁省通用航空产业网络演化模式实证分析

根据李守伟、程发新提出的产业网络演化与产业生命周期的关系，目前辽宁省通用航空产业网络处于萌芽期，这一时期的特点是：企业数量少，集中度高；市场规模小，需求的价格弹性小，产业利润微薄甚至全产业亏损；进入壁垒低，竞争程度较弱；产业网络缓慢增长。

如前所述，市场需求和企业的盈利能力是产业网络演化的核心动力。随着经济水平的提高，通用航空产业是国际公认需求量快速上升的产业。就我国目前普遍状况来看，市场潜在需求量巨大，但是市场交易量却很低，分析原因如下：① 产业发展的政策瓶颈。我国空域属于军方管理并采取多级别的申报制度，民航仅能使用航路、航线和民用机场附近空域，占总空域的10%，烦琐的审批制度制约了我国通用航空事业的发展。② 通用航空企业尚未形成规模化、专业化、高效化的运营队伍。大部分通航企业规模小，运行能力弱，商业模式单一，抗风险能力不强。除个别国有企业有较强的盈利能力外，大部分通航企业运行成本高，亏损是普遍现象。行业处于起步阶段，通用航空器的专业化水平不高。例如，农用飞机多是通用运输机改装的，商载量、飞行高度、飞行速度、起飞条件等都不适合恶劣的农业作业条件。在喷药作业方面，药剂的使用上没有标准化，多是凭经验或参考地面喷雾确定药剂的使用剂量和配置方法，往往因为用量或配置不科学影响了作业质量。③ 配套服务水平低。大部分通航企业因时刻受限、审批受限、机场受限、地面保障受限、维修服务受限，难以向客户承诺通航的快捷、灵活、高效。以农用飞机为例，目前的农用飞机商载量普遍不大，再加上需要专用机场，调机效率和作业效率很低，直接导致作业成本增高。此外，绝大部分飞机使用的是专用航空燃油，农业航空作业时加油不方便，又提高了作业成本。④ 行业处于起步阶段，相关的标准、操作规程、保险品种等缺乏，制约行业的良性发展。综上，目前通用航空产业市场交易量不高的原因主要集中在供给方，影响供给的具体原因分为两类：一类是低空开放及对通用航空产业支持的政策性因素；第二类是产业发展的规律。如产业规模小、专业化程度低、配套不完善、缺少行业标准等是产业发展初期的共性特点。辽宁通用航空产业网络面临的状况与全国普遍状况一致。

对于产业发展的规律，市场的自组织具有不断完善的机制，其产业网络的演化主要由产业网络演化动力系统中的回路一、三、四来实现。在回路一中，由于通用航空市场具有很大的潜在空间，将不断吸引企业的进入，处于同一产业链环之上竞争企业增多，促进企业间分工的细化和每个企业专业化程度的提高，同时企业间合作的空间加大，促使整个行业的运营成本下降，提供的产品专业化、多样化程度加强。在回路三中，随着通航企业大量进入，在产业网络中对配套性服务产生巨大的市场需求，在市场需求的刺激下，配套性服务机构大量涌入，能够完善通用航空产业的各种作业标准、操作规程和保险险种，并从总体上提升服务配套水平，从而降低通航企业的交易成本，增强企业的盈利能力。在回路四中，辽宁省具有丰富的航空产业创新资源，四家研究机构和两所高校集聚了大量的科研人才，能够实现通用航空飞行器的专业化水平，满足市场的专业化需求，从而扩大通用航空产业的吸引力。

从企业决策行为来看，企业在决策中考虑的环境风险分为市场系统性风险和行业政策性风险。对于行业发展中市场形成的风险，企业可以通过自身的决策进行规避、调节和控制，但行业政策性风险是企业无法控制的风险，也是企业经营中致命性风险，是企业进入与否重点考虑的内容。因此，低空开放和对通用航空产业的支持性政策是影响企业进入通用航空产业的决定性因素。

低空开放和对通用航空产业的支持性政策因素需要依赖产业网络演化动力系统中的回路五，该回路中的主要行动者是政府。① 如果只是开放机场周边的空域，受益业务只是训练、农林作业等（目前这两项占到中国通用航空市场的组成为93%），远远不能释放通用航空市场的巨大潜力。辽宁省政府应积极利用低空改革深化试点的契机，与有关空域管理部门协调，争取在开放机场周边的空域的基础上首先将省内的沈阳、大连、长海、新民、辽中、丹东、锦州、朝阳、法库等机场低空航线连接起来，进而发挥地处东北中心与环渤海的地域优势，与周边黑龙江、吉林、河北、天津、北京、山东等省市合作，将低空空域"以点连线，以线连网"，释放低空通航的巨大市场潜力。② 国内对通用航空飞机征收的进口关税和各种运营费用偏高，购买进口通用航空飞机，增值税为17%，整机进口还要征收5%的进口关税，进口航材在1%的进口关税上加征17%的增值税。政府应积极争取购买国产通用航空飞机、新能源飞机、国内航材的税收优惠政策，以及国内通用航空制造和运营企业的税收优惠政策，从而支持通用航空行业的快速成长。③ 通用航空机场建设投资金额大、利润低、投资回收期长，机场建好后，每年还要支出大量的维护费用和机场管理人员工资等。美国的通用航空机场建设主要是出于服务社会的公益目的，政府出资90%~95%，当地政府出资5%~10%。辽宁省通用机场严重不足，可以考虑申请发行地方债务或成立通航发展基金进行融资，并利用财政补贴、贷款贴息等政策，鼓励企业参与投资，类似于地铁、铁路、高速公路等作为长期项目进行投资，凸显区位优势，吸引通用航空运营企业的进入。

综上分析，辽宁省通用航空制造业可以采用以沈飞集团和沈阳黎明为核心的生产者驱动型网络与市场自发调节下自组织型产业网络相结合的演化模式。通用航空运营业由众多中小企业组成，可以采用购买者驱动型网络，政府在网络的演化中需要起到推动者、引导者和辅助者的作用，因此辽宁省通用航空运营行业可以采用购买者驱动型和他组织相结合的产业网络演化模式。

8 促进辽宁省通用航空产业良性发展的政策建议

8.1 打造辽宁省通用航空产业共性技术研发平台

建议由辽宁省政府有关部门负责，依托沈阳航空航天大学的辽宁通用航空研究院牵头，与省内各产业集群紧密合作，建立通用航空产业共性技术研发平台。针对开发目标开展自主研发和技术服务，推进政、产、学、研、用一体化发展。这样，不仅有利于在技术层面突破关键技术、实用技术的制约，也有助于创新体制机制，进一步形成产业发展的合力与长效机制，抢占国内通用航空科技创新与产业发展的先机。

8.2 完善通用航空产业链，加大产业规模

目前制约辽宁省通用航空制造业产业链的主要问题在于通用航空飞行器制造的规模不大，沈飞集团停止制造塞斯纳飞机之后，没有填补这一空白的批量产品出现，由此上游零部件本地需求市场规模受到限制，使得辽宁省通用航空制造产业链变得更为脆弱。解决这一问题的当务之急是引进一家通用航空飞行器批量生产的企业，或者利用辽宁飞机制造业雄厚的产业基础，承接某一品牌通用航空飞行器批量生产的外包业务，拉动上游零部件产业链条。合理配置优势资源、加强技术创新能力，构建通用航空技术工程研究中心，集聚优势资源，开展自主产品研发和关

键共性技术攻关，以替代国外关键零部件技术，形成通用航空零部件的设计生产标准。重点向中游和下游延伸公务机产业链条，积极拓展公务机零部件制造业，形成以公务机研发、总装为核心，以通用航空飞机零部件生产为重要支撑，集研发、制造、生产和销售为一体的通用航空产业集群。

通用航空产业链长，涉及范围广，在飞机的机载设备与保障设备研发升级上可以与相关部门展开合作。就农林植保业务来说，通航公司可以与农业部门展开合作，共同研发轻型农药喷洒工具，为工具升级换代，研究如何使机载设备的容量更大，调整喷头喷洒的角度、面积等。当涉及地质勘探、海洋遥感等勘测任务时，则可以与军事部门合作研发，既减轻了研究人员的工作量，也集思广益，有利于机载设备、保障设备的更新换代。

构建完善综合配套服务体系，重点推进通用飞机及航材交易中心及通用飞机销售网络的建设，鼓励国内外优势企业入驻基地开展通用航空飞行代理申请、航空保险等航空中介服务，鼓励物流代理商采用通用航空方式进行短途货物运输，构成资源共享、信息互通的综合配套服务平台，促进通用航空保障的社会化。

8.3 培养通用航空文化，启动潜在市场需求

辽宁省要根据项目有针对性地培育具备代表性的通用飞机研发制造单位，以国际合作、政府购买和通用航空运营公司购买飞机的形式刺激市场需求。对于私人飞行、商务旅行、观光旅游、教育培训和空中文化体育等消费类活动，可以政策导向鼓励大众消费，带动第三产业发展。对购买通用飞机的企业、个人，政府可以提供贴息贷款或减免税负政策。

辽宁省是航空大省，航空文化浓厚，但是更多的航空意识在于军用飞机和民用大飞机领域，对于通货航空的飞行文化相对缺乏。应充分利用辽宁省航空文化基础，培育社会公众参与通用航空的热情，支持通用航空文化体验馆、展览馆等文化基础设施建设，建设通用航空展示宣传

与交流平台。充分发挥行业协会和航空俱乐部的平台作用，组织开展多种形式通用航空文化宣传、实践体验活动，普及通用航空知识，提升社会对通用航空的认知水平。建议辽宁省规划发展好航空文化小镇，培育未来的通用航空消费市场。人人都有自由飞翔的航空梦，在达到一定物质条件基础后，人人都有飞行体验的需求，这是通用航空产业发展的基础。建议鼓励开发"多样化、特色化"航空旅游产品，如开发空中婚礼、空中生日庆典、空中摄影、空中跳伞等定制空中游览项目等。鼓励采用水上飞机开发江、河、湖、海、湿地等航空体验旅游产品，积极落实《辽宁省"十四五"文化和旅游发展规划》，出台航空体验旅游管理办法。发挥致远航空、辽宁体育运动学校等现有资源开展航空体育项目。

8.4 完善机场与保障资源

辽宁省非常重视机场领域基础建设，2019年出台了《辽宁省通用机场布局规划（2018—2025年）》（以下简称《规划》），对辽宁省通用机场的建设进行了顶层设计。以下仅对《规划》之外的机场保障提出建议。

（1）优先启动京津冀与环渤海经济圈机场建设与运营。立足市场需求和发展实际，引导通用机布局建设纳入京津冀综合机场体系。建议优先在辽宁省旅游资源丰富的地区建设通用机场、在京津冀交叉地区建立通用机场以融入京津冀综合机场体系。

（2）充分盘活现有机场资源。辽宁省现有的17个通用机场和临时起降点中，有相当一部分处于停用甚至废弃状态，此外还存在一定数量的废弃军用机场。在目前各地发展通用航空热情高涨的背景下，尝试通过军方、地方政府、通航企业的合作盘活这类机场资源能够有效促进行业发展。从目前已有和规划的通用机场来看，其投资主体、发展定位、经营环境、空域情况等都存在较大差异。各类机场面临的主要困难和阻碍也各有不同。因此，应该认识到并不存在一种最优的，或者说普遍适合于各个机场的建设运营模式，不能搞一刀切，而应尊重市场主体的选择，因地制宜地推进通用机场的建设运营。建议采用军民融合的方式，把辽宁省内17个军用机场改造为军民两用机场。建议围绕通用机场建设，布局通用机场周边的产业布局等。优先利用既有通用机场，鼓励相邻地区打破行政规划共建通用机场，逐步形成布局合理、功能协调、兼容互补的通用机场系统，最大限度地服务通用航空器作业。

（3）注重省内机场层次性与网络化发展。整合辽宁省内机场资源，由辽宁省机场管理集团统一规划和调配，形成以桃仙和周水子机场为枢纽，以鞍山、营口、朝阳、锦州等若干卫星机场为节点，以周边通用机场为补充的立体交通网络和临空经济圈。依托各机场周边资源状况，全力开发航空配套服务，发展临空经济。

（4）建立和完善适应低空空域管理改革的政策和制度。积极争取空管委、民航局支持，规划、确定通用航空起降场地，积极配合规划低空飞行报告空域、监视空域、管制空域；进一步规划通用航空空中走廊、探索环渤海跨海飞行、协调跨省飞行、架构辽宁省通航联网飞行的空中通道；统筹规划全省应急救援航空体系；统筹考虑国防建设与通用航空需要。积极主动协商民航和军航空管部门，协助制定通用航空行政管理办法，力争加快"三证"办理手续，简化机场建设、飞行申请等审批手续，切实改变过去申请难、手续繁杂、过程时间长的困境。

（5）在通用航空发展到一定阶段，适时增加 FBO 体系，降低通用航空企业飞行器维护、维修的便捷性，降低通用航空企业运营成本。完善包括通用航空航图、气象、飞行动态的信息服务水平。

8.5 加强政策支持

辽宁省政府要进一步简政放权，推进通航产业国家技术创新示范企业和通用航空产业技术中心建设，充分吸纳通用航空研究院所和航空高校参与辽宁省通用航空产业布局计划的决策和实施。通航产业相关科研院所和企业要通过国家、科技计划（专项、基金等）支持通用航空产业关键核心技术研发，进一步完善辽宁省通用航空产业创新体系，合理运用政、产、学、研、用产业创新机制模式，形成一批通用航空产业创新中心。

(1) 出台扶持政策，推动通航产业发展。辽宁省要加大扶持力度，推进通航产业的发展。例如，由辽宁省配套资金支持通用航空发展的基础设施建设，鼓励开展通用航空服务业务，并对以公益性通航作业为主营业务的通航公司实施减免税收；全力推进沈阳通用航空产业基地、沈阳国家航空高技术产业基地、沈阳法库通航产业园等通航产业园区开发建设，加快园区基础设施建设步伐，提高招商引资能力，引进重大通航产业项目，培育龙头企业，加快形成产业集群；建立航空产业发展专项基金，以政府和国有企业投资为主体，吸纳社会资金加入，专项用于支持产业创新工程、应用示范工程、创新成果产业化和创新能力建设。

(2) 加强政策支持，改革管理体系。对于一个新兴经济形态来说，前期的政策支持尤为重要。目前，整个通航产业正处在初始阶段，产业内还存在很多行业壁垒，行业内相关企业为数不多，也缺少相关政策保障，尤其是机场建设，应该赋予其重点关怀和扶持，以政策保障产业发展。要加大财税支持力度，尽快推出通用机场补贴政策。规模化、网络化的通航机场体系是通用航空蓬勃发展的基本前提，是实现通航通达性、便捷性的前置条件。通用机场建设耗资较大，机场的公益定位决定了其盈利性差，需要政府介入通用机场建设运营。按照党的十八届三中全会的精神，市场在资源配置中起决定性作用。政府介入要尊重通用航空领域民营资本众多的现实，不能走行政命令或国进民退的旧路，而应借鉴国际经验，通过补贴政策促进机场建设。通过制定详细的补贴申请、审核、方法、监管等标准和流程，确保通用机场的公益性定位，让更多的人以低廉的成本享受到通用航空的便利性。

(3) 对购买国产飞行器补贴，提升国产飞行器的竞争力。辽宁省的通用航空企业虽然有一些自主的产品，如"小鹰"500等，但是产品的设计制造水平、成本价格、运营成本等与国外同类产品还有一定的差距，只有不断提高国产产品的应用，才能有机会不断提升产品的质量，因此建议政府对单位、个人购买国产通用飞机产品进行补贴，提升产品的市场竞争力，培育国产产品提高研发制造水平，创出自主品牌。

(4) 发挥政府引导作用，促进民营资本的投入。通用航空是高附加值、高技术、高产出的产业，同时又是高投入与高风险并存、对国家政策高度依赖的产业。没有政府的主导，民营资本从投资风险方面考虑不会轻易地投资，这是目前我国通用航空产业呼声高但发展缓慢的直接原因。因此，要坚决进行政府全面干预，加大对通用航空产业的扶持力度，为通航产业做担保，提供优惠政策，消除投资商的顾虑，广泛参与，促进通航产业快速发展。财政、税收和金融三管齐下，吸引、挟持和引导社会投资，发挥多层次资本市场的投融资功能。财政方面可以加大航空产业园以周边公共设施投入，减轻企业前期成本，以政府和国企投资为主体，吸纳社会资本。税收方面可以从激励自主创新鼓励开发的角度完善税收政策。金融方面可以由政府出资建立贷款担保机制，积极拓宽投融资渠道，强化金融服务支撑。

8.6 实施人才工程

8.6.1 健全人才培养体系

辽宁省通用航空产业面对激烈的通航产业竞争环境，需要高素质、管理型的通用航空产业经营管理人才队伍；辽宁省通用航空产业的发展也离不开航空专业技术人才的支撑，通用航空产业技术人才队伍包括飞行、机务、空管、签派、适航审定、航油管理等人才；辽宁省通用航空产业需要培养一支高技能、质量和数量并驾齐驱的航空运输人才队伍。

充分利用辽宁省航空教育资源，在沈阳航空航天大学、朝阳飞行学院等高校设置通航相关专业，尤其是飞行器维修、机场管理、飞行签派等通航运营急需专业人才。积极开展校企合作，联合培养通用航空产业人才，加快人才培养速度，提高人才培养水平。也可以尝试与空军相关部门合作，试行通用航空飞行员队伍培养计划，接收退伍转业的空军飞行员、机械师进行适应性培训，利用国家对转业军人的安置政策安排就职省内通用航空公司，在招徕人才的同时解决退伍转业士兵军官的安置问题。

不断加强航空高校院所通用航空技术的市场化和产业化,尤其是通用航空企业和航空专业高校推行产学研集群政策,以沈阳市沈北地区高校大学城作为实验基地。通过产业集群效应,带动人才的集群效应,进一步以人才培养人才、带动人才,促进人才的大规模产出。

8.6.2 积极培养通用航空各类人才,助力通用航空产业创新发展

一是加大飞行驾照培训,满足产业发展对飞行员的需求。飞行员是通用航空产业发展的关键应用型人才。目前市场上飞行员数量严重不足制约了通航企业的持续发展。由于飞行员培训费用较高、常常委托一定的企业进行培养,造成飞行员难以流动,不能发挥最佳的作用。因此建议加大飞行驾照培训,在政策上对飞行员培训进行补贴,使更多的人学得起飞行培训,服务通用航空产业的持续发展。同时鼓励飞行员多进行作业飞行,发挥现有飞行员的最大作用,并对飞行员的作业飞行进行补贴。

二是鼓励企业开展定制培养,满足产业创新对人才的需求。通用航空产业的发展还需要产业内的其他人才,如乘务、空管、研发、设计、制造、适航、维护、市场、销售、服务人员等,这些通航人才培养都没有与通用航空完全相匹配的专业来培养,建议选择相关高校的专业,按照企业的通用航空人才培养规格来进行定制培养,培养后的学生经过考核后进入企业的相关岗位工作。同时鼓励通航企业与高校合办通航专业人才研修班,开展以学历教育形式培养通用航空领域的专业人才,如应急救援、医疗救助等。

三是加强地面服务保障,培养通航专业人才。进一步推动以辽宁通用航空研究院为主的通航研究机构发展,培养更多地勤专业人员、教练员、专业技师等与低空产业相关的通用航空人才。及早引导建立培训机构,建立飞行员培训基地和交流平台,弥补飞行员和维修保障人员缺口。

参考文献

[1] 中国民用航空发展计划司. 从统计看民航2014［M］. 北京：中国民航出版社，2014.

[2] 陈蓓蓓，曾小舟，阎雷. 国际通用航空发展比较及我国通用航空发展策略［J］. 南京航空航天大学学报（社会科学版），2012（2）：37-41.

[3] 陈能幸，伍坚庭. 基于政策视角的通用航空制造企业发展建议［J］. 空运商务，2019（5）：61-63.

[4] 陈璐，王有远. 通用航空产业综合示范区发展战略研究：以南昌市为例［J］. 南昌航空大学学报（社会科学版），2019，21（1）：27-34.

[5] 陈文玲. 基于通用航空发展现状的通用航空产业体系研究［J］. 经济研究导刊，2019（5）：44-49.

[6] 陈能幸，伍坚庭. 对当前加快我国通用航空产业发展的思考［J］. 空运商务，2020（3）：55-56.

[7] 陈亚青，杨得用，蒋豪. 通用航空各区域发展竞争力研究［J］. 航空计算技术，2020，50（6）：13-17.

[8] 成丽，黄涛，邵文武. 我国农业通用航空发展的问题及对策分析［J］. 农业经济，2020（5）：101-103.

[9] 崔婷. 区域通用航空产业发展规划关键问题研究［J］. 综合运输，2014（3）：37-41.

[10] 单磊. 通用航空业发展若干问题［J］. 开放导报，2015（2）：86-88.

［11］董念清. 中国通用航空发展现状、困境及对策探析［J］. 北京理工大学学报, 2014, 16（1）: 110-117.

［12］邓文波. 中国通用航空市场的现状与发展前景分析［J］. 黑龙江科技信息, 2017（10）: 62.

［13］丁忠. 我国通用航空现状及发展策略分析［J］. 创新科技, 2018（7）: 28-30.

［14］杜亚倩, 张聊东. 我国通用航空发展现状及对策研究［J］. 科技创新与应用, 2020（24）: 133-135.

［15］冯超. 中国通用航空发展空间与产业链［J］. 中国流通经济, 2014（5）: 117-121.

［16］盖翊中, 隋广军. 基于契约理论的产业网络形成模型: 综合成本的观点［J］. 当代经济科学, 2004（5）: 56-59.

［17］高启明, 金乾生. 我国通用航空产业发展特征、关键问题及模式选择［J］. 经济纵横, 2013（4）: 98-102.

［18］高启明. 通用航空产业的"困境摆脱"及其下一步［J］. 改革, 2017（12）: 110-118.

［19］高启明. 我国通用航空制造业与服务业融合发展问题研究［J］. 经济纵横, 2015（5）: 26-30.

［20］高启明. 创新驱动我国通用航空制造业转型升级的实现路径［J］. 经济纵横, 2017（2）: 73-78.

［21］高启明. 我国通用航空产业供给侧结构性改革的几个关键问题［J］. 改革与战略, 2018, 34（9）: 91-96.

［22］高启明. "十三五"时期我国通用航空产业转型面临的挑战与发展思路［J］. 经济纵横, 2016（5）: 29-34.

［23］高启明. 我国通用航空运营保障三大模式发展探析［J］. 郑州航空工业管理学院学报, 2017, 35（1）: 1-8.

［24］高林照. 我国通用航空发展面临的难题及对策建议［J］. 郑州航空工业管理学院学报, 2016, 34（6）: 13-16.

［25］郭凤玲. 我国通用航空产业应用现状分析［J］. 研究与探讨, 2018, 37（5）: 1-4.

[26] 郭军伟,刘晖. 新业态模式下辽宁通用航空产业运营发展路径研究[J]. 当代经济,2021(4):56-59.

[27] 郭南芸. 企业成长与产业网络自组织演进研究[J]. 科技管理研究,2011(4):225-228.

[28] 黄守坤,李文彬. 产业网络及其演变模式分析[J]. 中国工业经济,2005(4):53-60.

[29] 黄群慧. 以产业链供应链现代化水平提升推动经济体系优化升级[J]. 马克思主义与现实,2020(6):38-42.

[30] 韩建昌,秦燕. 美国通用航空发展中"文化助推"对我国的启示[J]. 生产力研究,2015(4):102-108,133.

[31] 韩蓉晶. 通用航空发展现状、趋势与策略探究[J]. 现代商贸工业,2021,42(1):156-157.

[32] 胡祖才. 释放市场潜力 扩大有效供给 促进通用航空业持续健康发展[J]. 宏观经济管理,2016(7):8-10.

[33] 黄涛,李佳欢,邵文武,等. 沈阳市通用航空发展瓶颈与对策分析[J]. 辽宁经济,2017(7):8-10.

[34] 黄涛,张波,邵文武,等. 中国通用航空产业发展问题研究综述[J]. 商业经济,2018(8):63-66.

[35] 江宏飞,周伟. 构建中国通用航空产业的竞争优势研究:基于钻石理论视角[J]. 科技创业月刊,2019,32(1):40-44.

[36] 荆浩,尹薇. 沈阳市通用航空企业运作效率分析[J]. 沈阳航空航天大学学报,2021,38(2):92-96.

[37] 李亚飞,翟文鹏. 基于聚类和Super-SBM模型的我国通用航空公司运营效率研究[J]. 数学的实践与认识,2015,45(8):94-101.

[38] 李堃. 加快我国通用航空发展的建议[J]. 宏观经济管理,2014(12):17-18,21.

[39] 李晰睿. 我国通用航空发展现状与对策研究[J]. 中国民航飞行学院学报,2020,31(1):25-28.

[40] 李守伟,程发新. 基于企业进入与退出的产业网络演化研究[J]. 科学学与科学技术管理,2009(6):135.

[41] 李守伟，钱省三. 产业网络的复杂性研究与实证 [J]. 科学学研究，2006，24（4）：529-533.

[42] 李守伟，钱省三，沈运红. 基于产业网络的创新扩散机制研究 [J]. 科研管理，2007，28（4）：49-54，72.

[43] 李寿平，欧阳彦美. 美国通用航空产业发展的法治经验及对中国启示 [J]. 时代法学，2015（1）：94-103.

[44] 李连梦. 我国各省市通用航空产业发展路径选择分析 [J]. 环渤海经济瞭望，2015（11）：21-25.

[45] 李瑞. 我国战略性新兴产业体系的政策文本分析：以通用航空产业为例 [J]. 科技管理研究，2020，40（16）：31-38.

[46] 卢庆华. 基于产业链的山西省通用航空发展思路 [J]. 现代工业经济和信息化，2021，11（6）：8-11.

[47] 罗启铭，张勇. 浅谈飞行服务站在通用航空发展中的作用 [J]. 科技视界，2018（18）：193-194.

[48] 刘晖，杜明明，徐娴英，等. 辽宁省通用航空产业竞争力提升策略 [J]. 沈阳航空航天大学学报，2016，33（1）：70-77.

[49] 刘静波. 产业网络、结构调整与演进路径 [J]. 预测，2011，30（6）：41-46.

[50] 林毅夫，付才，辉郑洁. 新结构环境经济学：一个理论框架初探 [J]. 南昌大学学报（人文社会科学版），2021，52（5）：25-43.

[51] 林琳. 关于我国通用航空产业发展的思考分析 [J]. 综合运输，2017，39（8）：18-20.

[52] 林小凤. 通用航空业发展瓶颈与对策研究 [J]. 中国设备工程，2019（19）：203-204.

[53] 廖宣锦. 关于国内通用航空机场建设的几点思考 [J]. 低碳世界，2017（21）：275-276.

[54] 邵文武，韩美霞. 通用航空产业网络演化模式分析：以辽宁省为例 [J]. 沈阳航空航天大学学报，2015，32（6）：72-80.

[55] 邵文武，刘畔，黄涛. 我国通用航空市场增长动力分析 [J]. 沈阳航空航天大学学报，2019，36（1）：90-96.

[56] 孙华平,周谛.区域通用航空产业创新发展路径研究[J].天津商业大学学报,2020,40(6):8-14,38.

[57] 孙传龙,张子辰,黄欣怡.我国通用航空产业潜在市场研究[J].综合运输,2020,42(10):14-17.

[58] 唐晓华,张丹宁.产业网络的复杂性研究:基于沈阳汽车产业的实证分析[J].当代经济科学,2010,32(5):95-102,127.

[59] 唐卫贞.通用航空飞行服务站运营模式研究[J].科技资讯,2017,15(2):101-103.

[60] 王霄宁,王轶.产业链视角下我国通用航空产业协同发展研究[J].郑州航空工业管理学院学报,2016,34(2):1-4.

[61] 王瑞,贾宇飞,李鹏鹏,等.东北地区通用航空产业发展现状研究及前景展望[J].科技创新导报,2018,15(12):19,21.

[62] 王连峰,顾曦,王刚,等.推进我国消费类通用航空政策试点研究[J].民航管理,2018(2):55-58.

[63] 韦王勇.我国通用航空产业创新发展路径的探究[J].科技风,2019(7):192.

[64] 文嫱,曾刚.全球价值链治理与地方产业网络升级研究:以上海浦东集成电路产业网络为例[J].中国工业经济,2005(7):20-27.

[65] 徐立剑.通用航空发展存在的问题及对策[J].低碳世界,2018(8):371-372.

[66] 徐晓杰,高明山.我国通用航空FSS发展路径研究:以海南通航飞行服务站为例[J].今日海南,2017(12):55-56.

[67] 肖凤军,李成智,熊小庆,等.国际通用航空研究现状及发展态势分析[J].信息与管理研究,2020(C1):90-99.

[68] 杨正泽.我国通用航空的发展现状及对策[J].宏观经济管理,2015(11):74-75,78.

[69] 杨勇,隋东.我国低空空域改革和通用航空事业发展有关问题的思考[J].南京航空航天大学学报,2010,(2):50-54.

[70] 杨琼,韩博玮.我国通用航空产业面临的问题、原因及对策[J].经济研究导刊,2017(31):31-32.

[71] 杨润静. 通用航空机场对地方经济发展的作用探讨 [J]. 全国流通经济, 2018, (4): 66-67.

[72] 俞瑾. 通航飞行培训市场情况 [J]. 国际航空, 2017, (2): 40-42.

[73] 于一. 通用航空器产品与市场: 基于2012—2018面板数据的研究 [J]. 民航管理, 2019 (7): 75-77.

[74] 杨凤田, 李作学, 马靖靖, 等. 通用航空发展研究的热点与演进: 基于知识图谱的可视化研究 [J]. 北京航空航天大学学报 (社会科学版), 2020, 33 (3): 92-100.

[75] 中国社会科学院工业经济研究所课题组. 提升产业链供应链现代化水平路径研究 [J]. 中国工业经济, 2021 (2): 80-97.

[76] 赵冰. 我国通用航空经济的发展模式研究 [J]. 改革与战略, 2015, 31 (12): 146-149.

[77] 赵冰, 曹允春. 通用航空经济的演进路径及对区域的影响研究 [J]. 综合运输, 2015, 37 (4): 29-35.

[78] 赵礼强, 陈鹏, 郑晓宇, 等. 军民融合下通用航空产业发展的新探索 [J]. 综合运输, 2020 (5): 35-38.

[79] 赵维, 李富荣. 通用航空产业链经济效应分析 [J]. 合作经济与科技, 2020 (1): 4-7.

[80] 甄燕. 中国通用航空市场的现状与发展前景探讨 [J]. 科技创新导报, 2017, 14 (31): 202, 249.

[81] 张波, 黄涛, 杨凤田. 通用航空工业市场的培育瓶颈与运营模式 [J]. 宏观经济管理, 2019 (1): 78-84.

[82] 张祥建, 钟军委. 模块化产业网络: 技术进步与价值整合研究 [J]. 科技进步与对策, 2015 (5): 45-49.

[83] 张丹宁, 唐晓华. 产业网络组织及其分类研究 [J]. 中国工业经济, 2008 (2): 57-65.

[84] 周志艳, 臧英, 罗锡文, 等. 中国农业航空植保产业技术创新发展战略 [J]. 农业工程学报, 2013, 29 (24): 1-10.

[85] 曾刚, 王思翔, 孙婧, 等. 基于产业链的天津通用航空发展战略研

究[J]. 环渤海经济瞭望, 2016 (8): 36-39.

[86] 曾庆辉, 王国顺. 基于产业网络的企业网络能力与创新绩效关系实证研究[J]. 经济地理, 2014 (10): 111-118.

[87] AXELSSON J, EASTON G. Industrial networks: a new view of reality [M]. London: Routledge, 1992.

[88] HUMPHREY J, SCHMITZ H. Governance and upgrading: linking industrial cluster and global value chain research [M]. Brighton: IDS, 2000.

[89] WILKINSON I, EASTON G, HIBBERT B. On the edge of chaos II: industrial network interpretations of Boolean Functions in NK Models [C]//Mazet F, Salle R, Valla J. IMP Conference (13th): Interaction, Relationships And Networks In Business Markets, Lyon, France: IMP, 1997: 687-720.